O.W. BARTH

Ulrich Ott

Spiritualität für Skeptiker

Wissenschaftlich fundierte Meditationen
für mehr Bewusstheit im Alltag

O.W. BARTH

Besuchen Sie uns im Internet:
www.ow-barth.de

Aus Verantwortung für die Umwelt hat sich die Verlagsgruppe Droemer Knaur zu einer nachhaltigen Buchproduktion verpflichtet. Der bewusste Umgang mit unseren Ressourcen, der Schutz unseres Klimas und der Natur gehören zu unseren obersten Unternehmenszielen. Gemeinsam mit unseren Partnern und Lieferanten setzen wir uns für eine klimaneutrale Buchproduktion ein, die den Erwerb von Klimazertifikaten zur Kompensation des CO_2-Ausstoßes einschließt. Weitere Informationen finden Sie unter: www.klimaneutralerverlag.de

Originalausgabe März 2021
O.W. Barth

Ein Imprint der Verlagsgruppe
Droemer Knaur GmbH & Co. KG, München

Covergestaltung: ZERO Werbeagentur, München
Abbildungen im Innenteil: S. 50 mauritius images/BSIP SA/Alamy; S. 51, 53 Elartico/Shutterstock.com; 55 dityazemli/Shutterstock.com
Coverabbildung: ZERO Werbeagentur, München
Satz: Adobe InDesign im Verlag
Druck und Bindung: CPI books GmbH, Leck
ISBN 978-3-426-29313-3

2 4 5 3 1

INHALT

Vorwort 7

Einführung 11
Spiritualität – Teil der menschlichen Erfahrungswelt . 12
Entwicklung der Forschung zu Meditation 16
Merkmale und Verbreitung verschiedener Techniken . 17
Wirkungen auf Psyche und Gehirn 22
Maßgeschneiderte Meditation 34

Voraussetzungen des Übens und drei geführte Meditationen 39
Voraussetzungen: Motivation, Ort und Zeit 40
Übungen zum Einstieg: Körperhaltung, Atmung und Hände 42
Meditation 1: Ruhe, Liebe, Klarheit 58
Meditation 2: Energieformen im Körper wahrnehmen 81
Meditation 3: Dimensionen und Zentrum des Bewusstseins 99

Ausblick: Mehr Bewusstheit im Alltag 121
Lebensrhythmen – Arbeit, Freizeit und Schlaf 123
Ernährung 130
Bewegung 138
Kommunikation 142
Liebe und Sexualität 148

Dank 169

Website zum Buch und Literatur 173

VORWORT

Dieses Buch ist das Ergebnis vieler Stunden der Meditation. Jedes Wort und jeden Satz habe ich beim Schreiben gründlich reflektiert, um mich so verständlich, konkret und präzise auszudrücken, wie es mir möglich ist.

Wenn Sie dieses Buch nun lesen, empfehle ich Ihnen, sich dafür Zeit zu nehmen und jeden Satz ebenso kritisch zu prüfen: Ist es wahr, was Sie lesen? Stimmt es mit Ihren Erfahrungen überein? Achten Sie auch auf emotionale Reaktionen, die das Gelesene möglicherweise in Ihnen auslöst. Markieren Sie Aussagen, die Ihnen fragwürdig oder besonders wichtig erscheinen. Notieren Sie Ihre Fragen, Ideen und Einsichten. Auf diese Weise können Sie das Lesen selbst als Übung nutzen, um Ihre Bewusstheit zu steigern – bei allem, was Sie tun, denn darum geht es in diesem Buch. Und wenn Sie auf frag-würdige Aussagen stoßen, dann fragen Sie bitte bei mir nach. Auf der Website zum Buch finden Sie meine E-Mail-Adresse und Antworten auf häufig gestellte Fragen.

Dieses Buch ist das dritte einer Reihe von Büchern »... für Skeptiker«, und ich möchte Ihnen an dieser Stelle kurz erläutern, wie es zu dieser Buchreihe kam, damit Sie die Entstehung des vorliegenden Buches sowie seine Zielsetzung nachvollziehen können. Warum noch ein weiteres Buch?

In meinem ersten Buch – *Meditation für Skeptiker* – stellte ich einige zentrale Übungen buddhistischer Meditation vor, insbesondere das achtsame Atmen und den sogenannten *Body Scan,* bei dem man mit der Aufmerksamkeit systematisch von den Zehen bis zum Scheitelpunkt des Kopfes durch den Körper wandert. Es handelt sich um die gleichen Übungen, die auch im weitverbreiteten Programm »Stressbewältigung durch Achtsamkeit« von Jon Kabat-Zinn ver mittelt werden. Was dieses erste Buch von anderen Büchern auf dem Markt unterschied und zu seinem Erfolg beigetragen haben dürfte, war der sachliche Stil, in dem es geschrieben ist: nüchtern, rational argumentierend und gestützt auf wissenschaftliche Befunde zu den Wirkungen von Meditation.

Einige Aspekte von Meditation, die mir persönlich sehr wichtig waren und denen auch in den meditativen Traditionen eine große Bedeutung beigemessen wird, hatte ich im ersten Buch jedoch weitgehend ausgeklammert: die Einbettung der Praxis in ethische Grundhaltungen (zum Beispiel Gewaltlosigkeit und Wahrhaftigkeit) und tiefe spirituelle Erfahrungen, die uns Antworten auf existenzielle Fragen liefern können (zum Beispiel: »Wer bin ich?« oder »Was ist der Sinn meines Lebens?«).

In meinem zweiten Buch – *Yoga für Skeptiker* – ging ich auf diese Aspekte ausführlich ein und orientierte mich dabei an den ethischen Regeln und der Weltanschauung des klassischen Yoga nach Patanjali. Danach war für mich im Grunde alles gesagt beziehungsweise geschrieben, was ich als Wissenschaftler und Meditierender an Einsichten gesammelt und für wichtig und wertvoll erachtet hatte – ein sehr befriedigendes, ja, beglückendes Gefühl.

In den gut zehn Jahren, die nunmehr seit dem Erscheinen des ersten Buches vergangen sind, hat die wissenschaftliche Forschung zu Meditation und Achtsamkeit enorm zugenommen. Eine Motivation für das vorliegende Buch besteht darin, gewissermaßen ein Update zu liefern, das über die Weiterentwicklung der Forschung und neue Erkenntnisse informiert.

Eine weitere, noch wichtigere Motivation für dieses Buch sind jedoch Erfahrungen aus meiner Tätigkeit als Dozent. In zahlreichen öffentlichen Vorträgen, Seminaren für psychotherapeutisch tätige Menschen sowie Ausbildungen für Meditations- und Yogalehrende habe ich in den letzten Jahren neue, selbst entwickelte Meditationen eingesetzt und viele sehr positive Rückmeldungen dazu erhalten. Oft wurde ich im Anschluss gefragt, ob diese geführten Meditationen als Audio-Anleitungen erhältlich wären. Im vorliegenden Buch werden diese neuen Meditationen ausführlich erläutert, und die Anleitungen dazu können als MP3-Dateien heruntergeladen werden.

Die erste dieser drei neuen Meditationen hatte ich bereits im 2018 erschienenen Buch *Gesund durch Atmen* beschrieben. Die beiden weiteren Meditationen und einige Vorübungen, die sich bei meiner Lehrtätigkeit als didaktisch sehr hilfreich erwiesen haben, werden hier erstmals veröffentlicht.

Die Meditationen in diesem Buch dienen dazu, das eigene Bewusstsein zu erforschen und zu erweitern. Wenn Ihnen der Begriff »Spiritualität« im Titel vage und suspekt erscheint, dann möchte ich Ihnen an dieser Stelle versichern, dass Sie nicht mit irgendwelchen spekulativen Theorien konfrontiert werden. Ganz im Gegenteil: Im Mittelpunkt dieses Buches stehen Ihre eigenen Erfahrungen bei der Ausführung verschiedener meditativer Übungen.

Ausgangspunkt und Anker dieser Übungen ist stets der eigene Körper. Alle Übungen werden wissenschaftlich begründet und ausführlich erläutert. Ich möchte Sie dazu ermutigen, sich mit einem offenen Forscher- beziehungsweise Forscherinnengeist darauf einzulassen und Ihr eigenes Bewusstsein genau zu untersuchen: körperliche Empfindungen, Gefühle, Gedanken, Raum-, Zeit- und Ichbewusstsein. Ich wünsche Ihnen, dass Sie auf diesem Weg der meditativen Selbsterforschung eine innerliche, geistige Erfahrungswelt entdecken und Spiritualität als kostbare Ressource eines sinnerfüllten Lebens für sich erschließen.

Ulrich Ott

EINFÜHRUNG

Die Hauptzielsetzung dieses Buches ist es, Ihnen einen Zugang zu spirituellen Erfahrungen zu eröffnen. Dazu stelle ich Ihnen im Mittelteil des Buches drei Meditationen vor. Diese Meditationen basieren auf wissenschaftlichen Erkenntnissen der Bewusstseins- und Gehirnforschung der letzten Jahrzehnte und auf Erfahrungen, die ich im Rahmen meiner Lehrtätigkeit gesammelt habe.

In den nachfolgenden Kapiteln der Einführung erhalten Sie zunächst eine Erläuterung, was mit spirituellen Erfahrungen konkret gemeint ist, welche Faktoren deren Auftreten beeinflussen und inwiefern solche Erfahrungen das Leben bereichern können. Einen Schwerpunkt der Einführung bilden Erkenntnisse der wissenschaftlichen Forschung zu den Wirkungen von Meditation auf Bewusstsein und Gehirn. Auf diese Erkenntnisse wird dann im Mittelteil Bezug genommen, um die Wirkungsweise der drei Meditationen zu erklären.

Wenn Sie durch die Praxis von Meditation eine neue Sicht auf sich selbst und die Welt gewinnen, kann dies Auswirkungen auf alle Lebensbereiche haben. Meditation entwickelt sich dann allmählich von einer Technik zu einer Lebenshaltung, die von Selbstbestimmung und erhöhter Achtsamkeit geprägt ist. Im dritten Teil des Buches gebe ich einen Ausblick darauf, wie eine gesteigerte Bewusstheit und spirituelle Einsichten sich in verschiedenen Lebensbereichen auswirken und diese als Übungsfelder genutzt werden können.

Spiritualität – Teil der menschlichen Erfahrungswelt

Heutzutage wird im allgemeinen Verständnis der Bevölkerung und in der sozialwissenschaftlichen Forschung Spiritualität zunehmend von Religiosität abgegrenzt. Während der Begriff Religiosität eher mit Glaubensinhalten und kirchlichen Institutionen verbunden wird, bezeichnet Spiritualität dagegen etwas Individuelles, Persönliches und ist stärker erfahrungsbezogen (Hofmann & Heise, 2017, S. VI). Was sind nun aber typische Merkmale spiritueller Erfahrungen? In seinem Buch zur *Psychologie der Spiritualität* kommt Bucher (2014) nach einer Analyse verschiedener Definitionen und Arten von Spiritualität zu dem Schluss, dass »Verbundenheit« ein Kernmerkmal spiritueller Erfahrungen sei. Diese Verbundenheit könne sich »horizontal« auf die soziale Mitwelt oder Natur und Kosmos beziehen oder »vertikal« (nach oben) auf ein höheres geistiges Wesen – häufig als »Gott« bezeichnet – sowie (nach unten) auf das eigene Selbst. Spirituelle Erfahrungen können also gänzlich außerhalb eines religiösen Rahmens auftreten, beispielsweise wenn ein Mensch, von der Schönheit der Natur überwältigt, sich völlig eins mit ihr fühlt. Und auch die starke Verbundenheit und Vereinigung zwischen Liebenden kann als eine Form spirituellen Erlebens verstanden werden (dazu später mehr im Kapitel »Liebe und Sexualität«).

Die Meditationen in diesem Buch zielen auf eine stärkere Verbundenheit mit dem eigenen Selbst ab. Sie sollen Ihnen dabei helfen, zu Ihrer inneren Mitte zu finden, ganz mit sich selbst eins zu werden.

Falls Sie an dieser Stelle innerlich protestieren, dass Sie doch bereits völlig eins mit sich selbst sind oder dass sich das in Ihren Ohren nach abgedroschenen, esoterischen Phrasen anhört, dann bitte ich Sie noch um etwas Geduld und eine kritische Selbstreflexion: Wie gut kennen Sie sich wirklich? Könnte es sein, dass Ihnen einige Erfahrungsbereiche bisher verborgen geblieben sind? Haben Sie die Tiefen Ihres eigenen Bewusstseins bereits so weit ausgelotet, dass Sie nichts Neues mehr entdecken können?

In mehreren Studien hat Harald Piron sich in den vergangenen 20 Jahren eingehend damit beschäftigt, was Meditierende erleben, und festgestellt, dass ihre Erfahrungen sich entlang einer Dimension der Tiefe anordnen lassen (Piron, 2020, S. 113f, gekürzt):

1. **Hindernisse:** innere Unruhe, Langeweile, Schläfrigkeit, Motivations- und Konzentrationsprobleme
2. **Entspannung:** Wohlbefinden, ruhige Atmung, wachsende Geduld und innere Ruhe
3. **Konzentration:** achtsames Beobachten innerer Vorgänge ohne Anhaften, Erfahrung einer inneren Mitte oder eines Energiefeldes, Einsichten und Erkenntnisse, Gleichmut und innerer Frieden
4. **Essenzielle Qualitäten:** Klarheit, Liebe, Hingabe, Verbundenheit, Demut, Gnade, Dankbarkeit, Freude
5. **Nicht-Dualität:** kognitive Aktivitäten kommen vollständig zur Ruhe, Leerheit und Grenzenlosigkeit, Einssein mit allem, Transzendenz von Subjekt und Objekt

Erfahrungsqualitäten, die in den einzelnen Tiefenbereichen enthalten sind – wie Ruhe, Frieden, Liebe, Klarheit, Wahrnehmungen von Energie und einer inneren Mitte –, stehen im Zentrum der Meditationen dieses Buches. Sie können die Einteilung der Tiefenbereiche später zur Orientierung nutzen, um Ihre eigenen Erfahrungen einzuordnen.

Der fünfte Tiefenbereich von Piron beschreibt sogenannte mystische Erfahrungen einer allumfassenden Einheit, die in vielen Traditionen als das letztliche Ziel spiritueller Übungen angesehen werden. Neben intensiver Meditation gibt es allerdings noch zahlreiche weitere Auslöser für derartige Erfahrungen: die Einnahme psychedelischer Substanzen (zum Beispiel LSD oder Psilocybin); ästhetische Erlebnisse in der Natur oder beim Genießen von Musik und bildender Kunst; intensive, oft rhythmische, körperliche Aktivitäten beim Sport, Tanzen oder Sex; lebensbedrohliche Situationen etwa bei Unfällen oder Operationen.
Nehmen Sie sich an diesem Punkt bitte etwas Zeit, um darüber nachzudenken, inwiefern Sie selbst schon Erfahrungen gemacht haben, bei denen sich Ihr gewohntes, alltägliches Raum-, Zeit- und Ichbewusstsein quasi auflösten und Sie einen völlig veränderten Bewusstseinszustand erlebten.

Derartige Erfahrungen sind zwar vergleichsweise selten, und nicht jeder Mensch macht sie im Lauf des Lebens, aber wenn sie auftreten, hinterlassen sie oft einen nachhaltigen Eindruck. Neben starken Emotionen – tiefer Frieden, Freude, Glückseligkeit, aber auch Ehrfurcht – ist mit diesen Erfahrungen die Erkenntnis verbunden, mit einer Realität in Kontakt gekommen zu sein, die sich radikal von der üblichen Alltagsrealität unterscheidet (Wulff, 2014, S. 370).
Die wissenschaftliche Erforschung dieser Erfahrungen hat in jüngster Zeit große Fortschritte gemacht, indem mit psychedelischen Substanzen gezielt mystische Erfahrungen induziert wurden, während die Probandinnen und Probanden gleichzeitig mit bildgebenden Verfahren (zum Beispiel funktioneller Magnetresonanztomografie, fMRT) untersucht wurden. Durch den Einsatz entsprechender Fragebo-

genskalen konnten Hirnregionen identifiziert werden, deren reduzierte Aktivität und Konnektivität (Verbundenheit) jeweils mit Einheitserfahrungen und mit der Auflösung des Raum- und Zeitgefühls einhergingen (Barrett & Griffiths, 2017, S. 420f).
In mehreren Studien zeigte sich, dass die Persönlichkeit einen großen Einfluss darauf hat, in welchen Menschen durch die Einnahme psychedelischer Substanzen mystische Erfahrungen ausgelöst werden (Lifshitz et al., 2019; Millière et al., 2018; Russ et al., 2019; Studerus et al., 2012). Menschen, die sich im Alltag ganz einer Sache hingeben und völlig darin aufgehen können, erleben nach Einnahme psychedelischer Substanzen häufiger mystische Erfahrungen. Die Disposition, sich hinzugeben und sich ganz in eine Tätigkeit oder Erfahrung zu versenken, kann mit entsprechenden Fragebogenskalen gemessen werden (*Absorptionsskala*, siehe Ott, 2016) und wird in der Persönlichkeitspsychologie der Dimension der »Erfahrungsoffenheit« zugerechnet. Spirituelle Erfahrungen der Verbundenheit, bis hin zu mystischen Einheitserfahrungen, können durch viele verschiedene Ereignisse ausgelöst werden (siehe oben). Sie sind ein Teil der menschlichen Erfahrungswelt, jedoch kein zwingend notwendiger: Es gibt Menschen, die keine solchen Erfahrungen gemacht haben, ihnen auch keinerlei Bedeutung beimessen und sich daher nicht für sie interessieren.
Wenn Sie selbst spirituellen Erfahrungen skeptisch gegenüberstehen – und vielleicht gerade deshalb zu diesem Buch gegriffen (oder es geschenkt bekommen) haben –, dann bitte ich Sie an dieser Stelle, erneut kurz innezuhalten und zu überlegen, worauf Ihre ablehnende Haltung beruht. Gab es in der Vergangenheit negative Erfahrungen mit religiösen oder »spirituell angehauchten« Menschen?

Wenn es solche negativen Erfahrungen gab, die Ihren Vorbehalten zugrunde liegen, dann möchte ich Sie dazu einladen, sich von allen Vorurteilen und Klischees frei zu machen und einen Neuanfang zu wagen, um einen ganz eigenen, persönlichen Zugang zu spirituellen Erfahrungen zu erhalten. Das Werkzeug, das ich Ihnen hierzu in diesem Buch anbiete, sind verschiedene Meditationen. Betrachten Sie diese als Instrumente zur Erforschung Ihrer Innenwelt.
In den nachfolgenden Kapiteln der Einführung gebe ich Ihnen einen Überblick über neue Ergebnisse der wissenschaftlichen Forschung zu Meditation. Sie werden sehen, dass ein weites Spektrum positiver Wirkungen auf die Gesundheit existiert. Es kann sich also lohnen, einen Versuch mit Meditation zu unternehmen, selbst wenn die Suche nach spirituellen Erfahrungen für Sie zunächst gar nicht im Vordergrund stehen sollte und Sie sich lediglich etwas entspannen möchten. Denn auch dazu kann Meditation sehr hilfreich sein (Ott, 2020).

Entwicklung der Forschung zu Meditation

In meinem Buch *Meditation für Skeptiker* hatte ich den Zeitraum ab dem Jahr 2000 als Phase eines Booms der Forschung bezeichnet (Ott, 2010, Abbildung S. 152). Damals war ein steiler Anstieg an wissenschaftlichen Publikationen zum Thema Meditation zu verzeichnen gewesen, deren Anzahl in den Jahren 2008 und 2009 erstmals die Marke von 200 Artikeln pro Jahr überschritten hatte!
Zehn Jahre später zeigt sich rückblickend, dass es sich um den Beginn eines Booms gehandelt hatte, der bis heute unvermindert anhält. Tatsächlich sind in den letzten zehn Jahren (2010 bis 2019) mehr als doppelt so viele Artikel und

Übersichtsarbeiten zu Meditation erschienen wie in den 50 Jahren zuvor (1960 bis 2009) – alleine 2019 waren es fast 900 Publikationen (Web of Science, 2020).
Wenn Sie sich einen aktuellen Überblick über die Entwicklung der Forschung und die Vielfalt der Studien verschaffen möchten, können Sie dafür die frei zugängliche Datenbank *PubMed* nutzen (http://pubmed.gov) und als Suchbegriff »meditation« eingeben (ohne Anführungszeichen). Zu jeder Recherche wird dort auch eine Grafik erzeugt, die die Anzahl der Suchergebnisse pro Jahr wiedergibt *(Timeline)*.
Die Befunde zur Wirkung von Meditation und Yoga auf die Psyche und das Gehirn, die ich in meinen beiden Büchern vorgestellt hatte (Ott, 2010, 2013), wurden durch die zahlreichen neuen Studien erfreulicherweise bestätigt und weiter differenziert. So haben wir heute zum Beispiel ein sehr viel genaueres Bild davon, wie sich verschiedene Techniken der Meditation hinsichtlich der sie begleitenden Hirnaktivität unterscheiden.
Bevor ich Ihnen einen Überblick über ausgewählte Befunde der aktuellen Forschung gebe, möchte ich Ihnen jedoch zunächst die wichtigsten Techniken vorstellen, die besonders häufig praktiziert werden und daher bevorzugter Gegenstand wissenschaftlicher Studien sind.

Merkmale und Verbreitung verschiedener Techniken

Es existiert eine große Vielfalt teils sehr unterschiedlicher Techniken, die allesamt als »Meditation« bezeichnet werden. Meditation kann mit Bewegungen verbunden sein – etwa beim Tai-Chi, Qigong oder der Gehmeditation beim Zen – oder in Bewegungslosigkeit ausgeübt werden, wie bei der klassischen Sitzmeditation. Die Aufmerksamkeit kann auf externe Objekte, Körperregionen, eine Meditationssilbe *(Mantra)* oder ein Vorstellungsbild gerichtet werden. Bei anderen Arten der Meditation stehen Gefühlsqualitäten im Mittelpunkt – etwa Mitgefühl oder liebende Güte –, oder die Praktizierenden beschäftigen sich intensiv mit einer Rätselfrage (*Koan,* zum Beispiel: »Wie klingt das Klatschen einer Hand?«).

In einem viel zitierten Artikel teilten Dahl et al. (2015) die zahlreichen Techniken in drei Gruppen beziehungsweise »Familien« ein. Diese Einteilung möchte ich Ihnen kurz vorstellen, weil sie später genutzt werden wird, um Befunde zur Hirnaktivität verschiedenen Arten von Meditation zuzuordnen:

1. **Aufmerksamkeitsfamilie:** Hierunter fallen alle Meditationen, bei denen die Aufmerksamkeit entweder dauerhaft auf ein bestimmtes Objekt gerichtet wird *(focused attention)* oder kein bestimmtes Objekt gewählt wird, sondern alles bewusst wahrgenommen wird, was im Bewusstsein auftaucht (*open monitoring*; auf Deutsch häufig übersetzt als *offenes Gewahrsein*).
2. **Konstruktive Familie:** Diese Techniken zielen darauf ab, eine bestimmte Gefühlsqualität oder Werthaltung im Bewusstsein zu kultivieren. Bekannte Beispiele sind die Meditationen auf Mitgefühl *(compassion)* und liebende Güte *(loving kindness).*
3. **Dekonstruktive Familie:** Bei diesen Meditationen geht es darum, tiefe Einsichten in die Natur der Wirklichkeit zu erlangen, indem das eigene Selbst, Objekte der Welt oder eine grundlegende Nicht-Dualität in den Mittelpunkt der meditativen Betrachtung gestellt werden. Hierzu zählt auch die buddhistische Einsichtsmeditation *(Vipassana).*

Zwischen den drei Familien und den Tiefenbereichen 3 bis 5 von Piron (siehe Anfang dieses Kapitels) lässt sich eine ungefähre Korrespondenz erkennen. In vielen Traditionen beginnt die meditative Schulung mit Übungen zur Sammlung der Aufmerksamkeit (»Konzentration«), es schließen sich Meditationen an, um positive Emotionen beziehungsweise Haltungen zu entwickeln (»Essenzielle Qualitäten«), bevor schließlich das Ich als Konstruktion erkannt werden soll und Erfahrungen der Transzendenz von Subjekt und Objekt angestrebt werden (»Nicht-Dualität«).

Einen anderen Ansatz, um Gemeinsamkeiten und Unterschiede der vorhandenen Techniken zu identifizieren, verfolgten Matko und Sedlmeier (2019) in einer kürzlich publizierten empirischen Studie. Aus insgesamt 309 verschiedenen Techniken, die sie gesammelt hatten, wählten sie die 20 populärsten Techniken aus. Diese Techniken ließen sie von 100 erfahrenen Meditierenden hinsichtlich ihrer Ähnlichkeit bewerten. Mithilfe eines speziellen Analyseverfahrens bestimmten sie auf der Grundlage dieser Bewertungen zwei Dimensionen, anhand derer sich die Techniken anordnen ließen: (1) Grad der Aktivierung und (2) Ausmaß der Körperorientierung.

Innerhalb des so entstandenen zweidimensionalen Koordinatensystems zeigten sich sieben Gruppen *(Cluster)* von ähnlichen Techniken, die wie folgt benannt wurden:

1. **Meditation mit Bewegung:** meditative Bewegungssequenzen, einschließlich Gehmeditation und Yoga-Techniken zur aktiven Veränderung der Atmung *(Pranayama);*
2. **Körperzentrierte Meditation:** Durchwandern des Körpers mit der Aufmerksamkeit *(Body Scan),* achtsames Atmen (Bauchatmung, Empfindungen am Naseneingang), Konzentration auf Energiezentren im Körper;

3. **Achtsames Beobachten:** Sitzen oder Liegen in Stille, Beobachten der Gefühle und Gedanken;
4. **Kontemplation:** Beschäftigung mit einer spirituell bedeutsamen Frage (zum Beispiel »Wer bin ich?«), einem Widerspruch (»leere Fülle«) oder einer Paradoxie;
5. **Visuelle Konzentration:** Konzentration auf ein äußeres Objekt (zum Beispiel Kerzenflamme) oder eine Visualisierung;
6. **Affektzentrierte Meditation:** Kultivieren von Mitgefühl, liebender Güte und anderen positiven Qualitäten, Öffnung für Segnungen und Inspiration;
7. **Mantra-Meditation:** Wiederholung von Mantren (innerlich oder singend), Meditation mit Tönen.

Nach der Vorstellung dieser beiden Ansätze zur Klassifikation von Techniken haben Sie nun einen guten Überblick, welche Merkmale verschiedene Arten von Meditationen kennzeichnen. Ich möchte Ihnen nun noch eine weitere Studie vorstellen, an der ich selbst beteiligt war (Matko et al., 2018), um Ihnen einen Eindruck zu vermitteln, welche dieser Techniken am häufigsten praktiziert werden. In dieser Befragung einer großen Stichprobe von 637 Meditierenden wurde in Bezug auf 50 Techniken erfragt, wie häufig diese ausgeübt wurden.

Nachfolgend wiedergegeben ist die Liste mit Beschreibungen der Top Ten der Meditationstechniken, wie sie sich in dieser Studie ergab:

1. den gesamten Körper mit der Aufmerksamkeit durchwandern;

2. auf das Heben und Senken der Bauchdecke beim Atmen achten;

3. beobachten, wie Gedanken im Geist entstehen, ohne daran zu haften;

4. auf den Atemfluss im gesamten Körper achten;

5. den Körper durchgehen, Emotionen und Verspannungen wahrnehmen und lösen, zum Beispiel mithilfe des Atems;

6. Mitgefühl, Mitfreude, Gleichmut, liebende Güte kultivieren (für sich selbst, Freunde, neutrale Menschen, Feinde, die ganze Welt);

7. beobachten, wie Körperempfindungen entstehen, ohne daran zu haften;

8. Sutren/Mantren singen;

9. im Liegen in einen Zustand tiefer Entspannung bei vollem Bewusstsein hineingehen;

10. auf Empfindungen achten, die beim Ein- und Ausatmen in der Nase entstehen.

An dieser Liste ist bemerkenswert, dass in der Mehrzahl der Techniken Körper- und Atemempfindungen im Mittelpunkt stehen (1, 2, 4, 5, 7, 10). Hinzu kommen noch das offene Gewahrsein in Bezug auf Gedanken (3), das Kultivieren positiver Emotionen (6), Mantra-Meditation (8) und tiefe Entspannung im Liegen (9).
Bei der Vorstellung der ersten Meditation im Hauptteil des Buches werde ich auf diese Liste der Top Ten noch einmal

zurückkommen, denn diese Meditation vereint in sich Elemente aller zehn am meisten praktizierten Techniken.
Angesichts der Vielfalt von Techniken stellt sich für die Forschung – und Praktizierende sowie Neueinsteigende – die spannende Frage, inwiefern sich verschiedene Meditationen möglicherweise hinsichtlich ihrer Wirkungen unterscheiden. Im folgenden Kapitel gebe ich Ihnen einen Überblick über aktuelle wissenschaftliche Befunde zu generellen und spezifischen Wirkungen von Meditation.

Wirkungen auf Psyche und Gehirn

Die große Anzahl an Studien zu den Wirkungen von Meditation bietet die Grundlage für sogenannte Metaanalysen, in denen die Ergebnisse der in einem bestimmten Forschungsbereich vorliegenden Studien statistisch ausgewertet und zusammengefasst werden. Die Wirkungen von Meditation auf psychologische Variablen bei gesunden Menschen hat Peter Sedlmeier, Professor für Forschungsmethodik und Evaluation an der Technischen Universität Chemnitz, in zwei umfassenden Metaanalysen ausgewertet (Sedlmeier et al., 2012, 2018).
Die Stärke der beobachteten, durchweg positiven Effekte bewegt sich bei den einbezogenen psychologischen Bereichen meist im mittleren Bereich. Meditierende berichten über eine Reduktion von Angst, von anderen negativen Gefühlen und von Stress. Demgegenüber nehmen Wohlbefinden und Achtsamkeit deutlich zu, ebenso wie die Leistungen in Intelligenztests sowie bei Lern- und Gedächtnisaufgaben. Die Effekte waren in der zweiten Metaanalyse von 2018, die als Update zur ersten Metaanalyse neuere Studien im Zeitraum von 2011 bis 2015 einbezog, bezüglich der Stressreduktion

und der Zunahme von Wohlbefinden und Achtsamkeit stabil beziehungsweise steigerten sich noch etwas.
Insgesamt zeigte sich ein positives Wirkungsprofil von Meditation über alle untersuchten psychischen Bereiche hinweg. Beim Vergleich der erzielten durchschnittlichen Effekte zwischen verschiedenen Techniken lagen diejenigen von Praktizierenden der buddhistischen Einsichtsmeditation und Mitgefühlsmeditation am höchsten, während die von konzentrativer Meditation und achtsamkeitsbasierten Trainingsprogrammen etwas geringer ausfielen.
Allerdings lassen sich aus diesen Ergebnissen, die auf den durchschnittlichen Effekten vieler Studien beruhen, keine zuverlässigen Vorhersagen ableiten, welche Technik bei einer bestimmten Person in einem bestimmten Bereich den besten Effekt erbringen wird. Tatsächlich gibt es auch Menschen, die kaum von Meditation profitieren oder sogar negative Wirkungen erfahren (Tremmel & Ott, 2017). Die Wahrscheinlichkeit für »unerwünschte Nebenwirkungen« ist jedoch – verglichen mit Psychotherapie, Medikamenteneinnahme oder Bewegungstraining – relativ gering (Baer et al., 2019).

Wenn wir uns nun den Wirkungen von Meditation auf das Gehirn zuwenden, hat sich die Forschungslage in den letzten zehn Jahren erheblich verbessert. In einer Metaanalyse von Studien mit bildgebenden Verfahren (fMRT) zur Aktivierung des Gehirns während der Praxis von Meditation konnten spezifische Aktivierungsmuster für vier verschiedene Formen der Meditation identifiziert werden (Fox et al., 2016).
So ist beispielsweise – allerdings wenig überraschend – während der Rezitation von Mantren das motorische Sprachzentrum *(Broca-Areal)* der linken Hirnhälfte aktiviert. Bemerkenswert ist das Ergebnis, dass bei Meditatio-

nen zum Kultivieren positiver Emotionen (liebende Güte, Mitgefühl) insbesondere Regionen des Gehirns aktiviert werden, in denen der eigene Körper repräsentiert wird. Zum einen ist dies der sekundäre somatosensorische Kortex, zum anderen der vordere insuläre Kortex der rechten Hirnhälfte. In Letzterem laufen Informationen aus den inneren Organen zusammen *(viszerale Afferenzen),* was darauf hinweist, wie eng Emotionen mit körperlichen Empfindungen aus den inneren Organen im Bauch- und Brustraum – einschließlich dem Herzen – verknüpft sind (siehe dazu auch Nummenmaa et al., 2014).

Bei Techniken aus der Aufmerksamkeitsfamilie (fokussierte Aufmerksamkeit und offenes Gewahrsein) nimmt die Aktivität in Hirnregionen zu, die mit dem Verfolgen von Handlungsplänen *(präfrontaler Kortex)* und dem Ausblenden von Störreizen assoziiert sind *(anteriorer cingulärer Kortex).* Zugleich nimmt die Aktivität im zentralen Netzwerkknoten des sogenannten Default-Mode-Netzwerks ab *(posteriorer cingulärer Kortex),* das mit Tagträumen und dem Abdriften in Gedanken verbunden wird.

Meditierende, die ihre Aufmerksamkeit auf ein Objekt richten und dort zu halten versuchen, hemmen dabei also jenes Netzwerk, das beim Tagträumen aktiviert ist. In einer innovativen fMRT-Studie von Hasenkamp et al. (2012) konnte die Dynamik dieses fortwährenden Bemühens während der Meditation im Detail dargestellt werden. Während die Probandinnen und Probanden in der Magnetröhre meditierten, drückten sie jedes Mal eine Taste, wenn sie bemerkten, dass sie abgeschweift waren. In einem Zeitfenster vor dem Tastendruck war die Aktivität im Default-Mode-Netzwerk erhöht, nach dem Tastendruck nahm die Aktivität dort ab und die Aktivität in Netzwerken zur Aufmerksamkeitsregulation nahm zu.

Studien zur elektrischen Hirnaktivität während Meditation

zeigen bei Achtsamkeitstechniken generell eine Zunahme von Alpha-Wellen (8 bis 12 Hz; Hertz = Schwingungen pro Sekunde) und Theta-Wellen (4 bis 7 Hz) im Elektroenzephalogramm (EEG), was als Anzeichen einer »entspannten Wachsamkeit« interpretiert wird, die der Gesundheit zuträglich sei (Lomas et al., 2015).

Speziell die Frage, welche EEG-Muster Phasen der vertieften Fokussierung vom Tagträumen unterscheiden, untersuchte eine Studie von Brandmeyer und Delorme (2018). Die erfahrenen Meditierenden wurden in dieser Studie während der Meditation in zufällig variierenden Intervallen (zwischen 30 und 90 Sekunden) dazu aufgefordert, auf einer Skala kurz anzugeben, wie sehr sie gerade (1) auf das Objekt der Meditation fokussiert, (2) in Gedanken abgedriftet und (3) müde waren. Phasen der Fokussierung gingen mit einer verstärkten Theta-Aktivität über der Mitte des frontalen Kortex einher.

Einige neuere Studien berichten von einer Zunahme besonders schneller EEG-Wellen im Gamma-Frequenzbereich (> 30 Hz) bei fortgeschrittenen Meditierenden (Braboszcz et al., 2017; Hauswald et al., 2015; Schoenberg et al., 2018; Thomas et al., 2014; Überblick in Lee et al., 2018). Allerdings unterscheiden sich die untersuchten Meditationstechniken, eingesetzten Analyseverfahren und Frequenzbereiche zwischen diesen Studien erheblich. Teilweise liegen die gefundenen EEG-Muster in sehr hohen Frequenzbereichen (über 60 bis zu 245 Hz), die bei der Auswertung sonst gar keine Beachtung finden. Es bleibt abzuwarten, ob sich diese Befunde von anderen Forschungsgruppen bestätigen lassen und zuverlässig spezifischen Erfahrungen während der Meditation zugeordnet werden können (Schoenberg & Vago, 2019).

Wiederholtes Üben ist ein Kernmerkmal von Meditation, auf das wir später wieder zurückkommen werden. Durch die stete Wiederholung werden – je nach praktizierter Technik – psychische Funktionen der Aufmerksamkeitssteuerung, der Regulation von Emotionen und der Körperwahrnehmung etc. trainiert. Durch dieses Training arbeiten die beteiligten neuronalen Netzwerke schließlich effizienter, und aufgrund der Formbarkeit des Nervensystems *(Neuroplastizität)* kommt es auch zu messbaren strukturellen Veränderungen im Gehirn.

Mit verschiedenen Aufnahmetechniken (Diffusionsbildgebung und anatomische Aufnahmen im MRT) können heutzutage Unterschiede zwischen den Gehirnen von Meditierenden und Kontrollpersonen analysiert werden. Dabei zeigt sich zum einen, dass bei Meditierenden die Nervenfaserbündel zwischen und innerhalb der Hirnhälften eine höhere strukturelle Integrität und Leistungsfähigkeit aufweisen; zum anderen zeigt sich, dass in mehreren Regionen des Gehirns bei Meditierenden eine größere Dicke oder Dichte der grauen Substanz vorliegt, in der sich die Körper der Nervenzellen befinden (Fox et al., 2014).

Diese strukturellen Unterschiede bei Meditierenden betreffen Hirnregionen, die während der Praxis der Meditation verstärkt aktiviert sind, beispielsweise den präfrontalen Kortex, den anterioren cingulären Kortex und den insulären Kortex. Die Annahme liegt also nahe, dass die beobachteten Unterschiede ein Resultat der Meditationspraxis sind. Bei den meisten der einbezogenen Studien wurde jedoch lediglich eine einzelne Messung vorgenommen, was keine eindeutigen Schlussfolgerungen erlaubt. Ebenso plausibel ist die alternative Erklärung, dass Personen, die sich zur Meditation hingezogen fühlen oder länger dabeibleiben, bereits vor Aufnahme ihrer Praxis eine andere neuronale Ausstattung aufwiesen, die ihnen das Meditieren besonders leichtmachte. Die Unterschiede hätten dann also bereits vorher bestanden und wären nicht durch die Praxis selbst, sondern durch Selbstselektion zustande gekommen.

Bisher liegen nur wenige Längsschnittstudien vor, bei denen zwei Gruppen an mindestens zwei Zeitpunkten gemessen wurden, wobei nur eine der Gruppen in der Zwischenzeit ein Training in Meditation absolvierte. Eine dieser Studien ergab, dass bei den Meditierenden, die am achtwöchigen Trainingsprogramm *Stressbewältigung durch Achtsamkeit* (Englisch: *Mindfulness-based Stress Reduction*, MBSR; Kabat-Zinn, 2011) teilgenommen hatten, die Dichte der grauen Substanz im Hippocampus signifikant zunahm (Hölzel et al., 2011). Dort waren auch in der oben genannten Metaanalyse von Fox et al. (2014) in mehreren der einbezogenen Studien deutliche Unterschiede zugunsten der Meditierenden berichtet worden.

Der Hippocampus ist insofern von Bedeutung, als er bei der Konsolidierung von Gedächtnisinhalten eine große Rolle spielt. Bei einem dauerhaft hohen Stressniveau führt das ausgeschüttete Stresshormon Cortisol dort zu Schädigungen der Nervenzellen. Bei depressiven Erkrankungen und vor allem bei Demenz tritt dort ebenfalls ein deutlicher Abbau ein, was mit den bekannten Gedächtnisproblemen einhergeht.

Der Zusammenhang von Stress und Hirnalterung und die Perspektive, Meditation zur Prävention von Demenz einzusetzen, hat in den letzten Jahren viele Forschungsgruppen inspiriert und zu zahlreichen Publikationen geführt (Überblick in Schmidt, 2019). Den handfesten Nachweis einer verlangsamten Hirnalterung könnten jedoch nur gezielte Studien mit älteren Menschen über einen längeren Zeitraum hinweg erbringen, die bisher noch nicht unternommen wurden, jedoch geplant sind (Chételat et al., 2018; zum aktuellen Stand siehe Website des EU-geförderten Projekts *Silver Santé*: https://silversantestudy.eu/).

Sehr beeindruckend sind die Ergebnisse einer Studie, die mit einer speziellen Methode zur Schätzung des Gehirnalters die MRT-Aufnahmen von 50 langjährigen Meditierenden mit denen einer gleich großen Stichprobe von Kontrollpersonen verglich (Luders et al., 2016). Die berechnete Gleichung für die Altersschätzung ergab, dass Meditierende im Alter von 50 Jahren ein geschätztes Hirnalter von lediglich 42,5 Jahren aufwiesen! Ab 50 stieg das geschätzte Hirnalter der Meditierenden zudem deutlich langsamer an als das der Kontrollpersonen, nämlich nur um zehn Monate und acht Tage pro vollem Lebensjahr. In einer eigenen Studie meiner Arbeitsgruppe an der Universität Gießen mit ähnlicher Methodik war ebenfalls bei den über 50-Jährigen der Meditierenden ein signifikant niedrigeres geschätztes Hirnalter zu beobachten (Rumpf, 2017).

Die vielfältigen positiven Wirkungen von Meditation auf die psychische Gesundheit, Leistungsfähigkeit und auf das Gehirn sind inzwischen gut belegt (Sedlmeier, 2016). Meditation findet als Verfahren zur Entspannung und Stressbewältigung eine große Verbreitung in der Prävention und der Behandlung von körperlichen und psychischen Erkrankungen (Ott, 2020).

Spirituelle Erfahrungen von Meditierenden waren lange Zeit kaum Gegenstand der Hirnforschung, haben sich in den letzten Jahren jedoch zu einem respektierten und expandierenden Forschungsfeld entwickelt. Die Untersuchung von Erfahrungen der Nicht-Dualität erfordert die Zusammenarbeit mit sehr fortgeschrittenen Meditierenden, die solche Erfahrungen zuverlässig hervorrufen können, auch wenn sie eine Kappe mit Elektroden zur Messung der elektrischen Hirnströme tragen oder in der lärmenden Röhre eines MRT liegen.

Exemplarisch möchte ich Ihnen an dieser Stelle eine solche Studie von Josipovic (2014) vorstellen, in der die Hirnaktivität während einer Meditation mit fokussierter Aufmerksamkeit direkt mit einer Meditation zum nicht-dualen Bewusstsein verglichen wurde. Im Mittelpunkt der Analyse stand hier wiederum der Zusammenhang beziehungsweise das Wechselspiel zwischen dem oben erwähnten Default-Mode-Netzwerk und den Netzwerken zur Steuerung der Aufmerksamkeit. Normalerweise stehen diese Netzwerke in einem antagonistischen Verhältnis, das heißt, wenn das eine Netzwerk aktiv ist, wird das andere gehemmt und umgekehrt. Man spricht auch davon, dass diese Netzwerke negativ korreliert sind.

Während der Meditation mit fokussierter Aufmerksamkeit nahm diese Antikorrelation noch deutlich zu, was man sich wie eine Art Wippe vorstellen kann, die stärker zur einen oder anderen Seite kippt: Entweder ist die Aufmerksamkeit ganz auf das Objekt der Meditation gerichtet oder man schweift davon ab, bis man dieses Abschweifen bemerkt und zum Objekt zurückkehrt. Es entsteht also ein ständiges Hin und Her, das die negative Korrelation verstärkt.

Während der Meditation zum nicht-dualen Bewusstsein zeigte sich jedoch ein völlig anderes Bild: Die Antikorrelation der Netzwerke nahm hier deutlich ab und ging in einigen Fällen sogar gegen null. Dies zeigt eindrucksvoll, wie viel Freiheitsgrade die Dynamik unserer Hirnaktivität aufweist und dass es durch Training möglich ist, die üblichen Muster der Aktivität und Konnektivität der Netzwerke in unserem Gehirn zu modifizieren, die unserem Erleben zugrunde liegen.

Meditation erweist sich somit als ein **Training zur Selbstregulation,** das mehrere Wirkungsebenen umfasst, die den Tiefenbereichen 2 bis 5 nach Piron (2020) zugeordnet werden können (vgl. hierzu auch Dorjee, 2016):

1. **Entspannung:** Selbstregulation des vegetativen Nervensystems in Richtung einer Dominanz des Parasympathikus *(Vagus)*, wobei hier vermutlich der Atmung eine zen-

trale Rolle zukommt (Gerritsen & Band, 2018; Ott & Epe, 2018).

2. **Konzentration:** Selbstregulation der Aufmerksamkeit, anhaltendes Fokussieren und Versenken in ein Objekt oder Ausdehnen des Wahrnehmungsfeldes.
3. **Essenzielle Qualitäten:** Selbstregulation von Emotionen, Kultivieren positiver, prosozialer Gefühle, verankert in körperlichen Empfindungen.
4. **Nicht-Dualität:** Selbstregulation und Modifikation grundlegender Mechanismen der Hirndynamik und des Bewusstseins, der Selbst- und Realitätswahrnehmung.

Im Rahmen einer meditativen Schulung treten spirituelle Gipfelerfahrungen des letzten Tiefenbereichs (Ich-Auflösung, mystische Einheit, Transzendenz) typischerweise nach einer längeren Phase des Übens auf, die gewissermaßen die Voraussetzungen und eine solide Grundlage schafft. Pointiert formuliert, könnte man sagen, dass es wichtig ist, zunächst ein gut funktionierendes und integriertes Ich zu entwickeln, bevor man sich mit fortgeschrittenen Techniken der Meditation daranmacht, es zeitweise aufzulösen.
Diese Phase der Vorbereitung, in der zunächst gelernt wird, sich zu entspannen, die Aufmerksamkeit zu sammeln und sich emotional zu klären, erfordert eine gewisse Beharrlichkeit und Ausdauer. In vielen Ausbildungsseminaren taucht – auch angesichts der neuen Forschungsbefunde zu den Wirkungen psychedelischer Substanzen – die Frage auf, ob sich dieser oft mühsame und langwierige Weg nicht eventuell abkürzen ließe. Im nachfolgenden Exkurs möchte ich Ihnen einige Überlegungen, Beobachtungen und eine bahnbrechende Studie zu dieser Frage vorstellen.

Psychedelische Substanzen als Abkürzung zu Gipfelerfahrungen?

Vielleicht kennen Sie aus Ihrer Jugendzeit oder einem Wanderurlaub, beispielsweise in den Alpen, die Erfahrung einer Bergbesteigung. Am Ende des Aufstiegs kommt dann schließlich der beglückende Moment der Ankunft auf dem Gipfel, dem höchsten Punkt des Berges, der Ihnen einen fantastischen Rundblick bietet. Fasziniert von dem Panorama, das sich vor einem ausbreitet, genießt man die Weite und fühlt sich der Alltagswelt enthoben, die sich, weit entfernt, unten in den umliegenden Tälern abspielt. Sich dort oben auf Höhe der Wolken oder sogar darüber zu befinden, dem Himmel ganz nahe zu sein und den Blick über die schöne Landschaft schweifen zu lassen, die sich bis zum fernen Horizont erstreckt, ist sicherlich für viele Menschen ein Inbegriff von Glück und Freiheit.

Stellen Sie sich nun vor, wie es wohl wäre, wenn Sie nicht den mühsamen Weg des Aufstiegs auf sich genommen hätten, sondern stattdessen mit einem Hubschrauber dort oben direkt am Gipfel abgesetzt worden wären. Der Ausblick, der sich Ihnen dann böte, wäre zweifellos derselbe. Aber wäre es auch dieselbe beglückende Erfahrung?

Die Bergbesteigung erscheint mir eine nützliche Metapher zu sein, um den Weg der Meditation zu beschreiben und mit einem psychedelischen Trip (= Flug im Hubschrauber) zu vergleichen. Der Weg zu Fuß ist mühsamer, erfordert Ausdauer, eine gute Vorbereitung und gegebenenfalls eine kompetente Begleitung, die sich auskennt und bei gefährlichen Passagen sicheres Geleit bietet. Demgegenüber ist der direkte Weg mit dem Hubschrauber wesentlich schneller und bequemer.

Tatsächlich sind die Erfahrungen vergleichbarer, als Sie es vielleicht vermuten – alleine anhand der Schilderungen lässt sich nicht bestimmen, ob eine mystische Erfahrung durch intensive Meditation oder die Einnahme psychedelischer Substanzen hervorgerufen wurde. Und Menschen, die beides kennen, haben mir gegenüber bestätigt, dass die Qualität der Erfahrung durchaus vergleichbar sei. Die Mehrheit der Probandinnen und Probanden einer Studie mit Psilocybin gaben 14 Monate später an, dass es sich um eine der fünf persönlich und spirituell bedeutsamsten Erfahrungen in ihrem Leben gehandelt habe (Griffiths et al., 2008), wohl wissend, dass die Erfahrung durch die Einnahme einer Substanz ausgelöst worden war. Wieso sollte jemand also die Mühe der meditativen Geistesschulung auf sich nehmen, wenn es doch einen einfacheren Weg gibt?

Ein Punkt, den es dabei zu bedenken gilt, ist der Umstand, dass man selbst nicht am Steuer des Hubschraubers sitzt beziehungsweise keine hundertprozentige Kontrolle über die Flugroute hat. Es kann sein, dass man tatsächlich auf dem Gipfel abgesetzt wird, vielleicht landet man jedoch auch in einem dornigen Seitental (»Höllentrip«), aus dem man nur schwer aus eigener Kraft wieder herausfindet. Dieses Risiko kann durch eine günstige Gestaltung der Randbedingungen zwar reduziert werden (Johnson et al., 2008), aber es bleibt eine Gefahr bestehen, insbesondere wenn die betreffende Person psychisch labil und voller Ängste ist, die unter dem Einfluss der Substanz erheblich verstärkt werden können.

Eine polarisierende Diskussion eines Entweder-oder in Bezug auf Meditation und psychedelische Substanzen geht jedoch vermutlich an der Realität vorbei. In meinen zahlreichen Gesprächen mit Meditierenden habe ich des Öfteren gehört, dass das Interesse an Meditation ursprünglich durch Erfahrungen mit psychedelischen Substanzen geweckt worden war. Um im Bild zu bleiben: Nachdem per Hubschrauber eine beglückende Gipfelerfahrung gemacht worden war, strebten die Betreffenden danach, diese Erfahrung unabhängig von einer Substanz aus eigener Kraft auf natürlichem Weg zu erlangen und dauerhafte Veränderungen ihres Selbst- und Welterlebens zu erreichen. Nach dem Abklingen der Wirkung einer psychedelischen Substanz auf Gehirn und Bewusstsein findet man sich nämlich typischerweise in seinem vorherigen Bewusstseinszustand, seinem »alten Ich« wieder und kann dieses dann als vergleichsweise begrenzt empfinden. Psychedelische Substanzen können also sozusagen den Horizont erweitern, welche anderen Bewusstseinszustände möglich sind, und damit eine wichtige Motivation bieten, sich auf den Weg der Meditation zu begeben.

Die Annahme, dass die Einnahme psychedelischer Substanzen die Erfahrungen auch während der Praxis von Meditation positiv beeinflussen und eine nachhaltige Wirkung haben könnte, wurde jüngst in einer bahnbrechenden Studie in der Schweiz untersucht (Smigielski et al., 2019a, 2019b). Hier erhielten die Teilnehmenden an einem fünftägigen, klassischen Zen-Training zum Teil Psilocybin und zum Teil ein Placebo. Nach der Einnahme von Psilocybin berichtete die Experimentalgruppe von tieferen Meditationserfahrungen als die Placebogruppe. Positive Auswirkungen auf Psyche und Sozialverhalten waren auch vier Monate nach dem Experiment noch zu beobachten und umso stärker ausgeprägt, je intensiver die Erfahrung der Ich-Auflösung gewesen war (Smigielski et al., 2019a). Diese Erfahrungen der Ich-Auflösung waren begleitet von einer Entkopplung zentraler Areale des Default-Mode-Netzwerks, denen eine entscheidende Bedeutung für das Selbsterleben zugeschrieben wird (Smigielski et al., 2019b).

Inwiefern sich eine Kombination von Meditation mit psychedelischen Substanzen in der Zukunft weiterverbreiten wird, ist eine offene Frage. Bisher steht die Gesetzgebung in Deutschland einer solchen Entwicklung entgegen, weil diese den Umgang mit derartigen Substanzen verbietet.

Abschließend möchte ich Ihnen noch einen weiteren Ansatz der aktuellen Forschung vorstellen, mit dem ebenfalls der Versuch unternommen wird, die Effektivität des Trainings in Meditation zu erhöhen: die Unterstützung mit Biofeedback beziehungsweise Neurofeedback.

Maßgeschneiderte Meditation

Wir wissen heute, dass unterschiedliche Meditationstechniken spezifische Wirkungen entfalten. Und wir sind in der Lage, diese Wirkungen nicht nur mit Fragebogen zu erfassen, sondern mit Messinstrumenten auch auf physiologischer Ebene nachzuweisen. Wenn Meditation als Selbstre-

gulation der vegetativen Erregung (Entspannung), der Aufmerksamkeit, der Emotionen und des Bewusstseinszustandes generell verstanden wird und relevante Messgrößen auf physiologischer Ebene bekannt sind, dann liegt die Idee nahe, diese Messgrößen zu nutzen, um Meditation mit Biofeedback zu unterstützen.
Wenn jemand beispielsweise primär daran interessiert ist, sich mit Meditation zu entspannen, dann stehen Sensoren und Apps für das Smartphone zur Verfügung, mit deren Hilfe sehr leicht aussagekräftige physiologische Messungen vorgenommen werden können:

1) Die Hautleitfähigkeit kann mittels Elektroden gemessen werden, die an die Buchse für Mikrofon/Kopfhörer angeschlossen und an zwei Fingern befestigt werden; die Hautleitfähigkeit steht in unmittelbarem Zusammenhang mit der Schweißdrüsenaktivität und liefert ein Maß für die Erregung des Sympathikus.
2) Schwankungen der Herzrate (Anzahl der Herzschläge pro Minute) können mit einem Brustgurt via Bluetooth ans Smartphone übertragen oder über die Handy-Kamera durch Auflegen eines Fingers bestimmt werden, weil die Pulsschläge durch Veränderungen der Rotfärbung des Gewebes erkannt werden können; Schwankungen der Herzrate geben Aufschluss über den vagalen Tonus (Aktivitätslevel des Parasympathikus, also desjenigen Teils des vegetativen Nervensystems, der in Zuständen der Entspannung dominiert) und sind eins der am häufigsten eingesetzten Maße in der Stressforschung (Laborde et al., 2017).

Auf der Website zum Buch finden Sie Links zu Sensoren und Apps, die es ermöglichen, diese beiden Maße beim Üben von Meditation für ein Biofeedback zu nutzen. Das heißt, Sie erhalten eine unmittelbare Rückmeldung, wie gut es Ihnen mit einer Meditation gelingt, Ihr vegetatives Nervensystem in Richtung Entspannung zu regulieren.

Technisch aufwendiger sind neuere Forschungsansätze, die darauf abzielen, Meditierenden eine Rückmeldung zu ihrer Hirnaktivität zu liefern. Dabei kann entweder ein Signal erzeugt werden, das vor einem Abdriften warnt, oder ein Signal, das eine positive Entwicklung der Hirnaktivität in Richtung tieferer Zustände anzeigt (Brandmeyer & Delorme, 2013). Um elektrische Aktivierungsmuster aus Hirnregionen, wie zum Beispiel dem Default-Mode-Netzwerk, zu erfassen, sind jedoch qualitativ hochwertige Messungen mit vielen Elektroden (mehr als 20) und ausgefeilte Analyseprogramme erforderlich, die die notwendigen Berechnungen in Echtzeit durchführen können, um ein zeitnahes Feedback-Signal zu erzeugen (van Lutterveld et al., 2017).

Bei vielen psychischen Störungen wissen wir heute recht genau, welche Veränderungen in der neuronalen Regulation mit ihnen einhergehen. So ist bei Menschen mit einer depressiven Erkrankung beispielsweise ein Netzwerkknoten hyperaktiv, der mit selbstbezogenen Kognitionen assoziiert ist (*medialer Präfrontalkorteks*; Mulders et al., 2015). Dies wird mit dem emotional stark negativ gefärbten Grübeln in Verbindung gebracht, das für diese Störung charakteristisch ist. Bei einer erfolgreichen Behandlung mit Psychotherapie und gegebenenfalls mit Medikamenten normalisiert sich die Aktivität dort wieder.

Bei Menschen mit einem Aufmerksamkeitsdefizit, die nicht so effektiv in der Lage sind, Störungen auszublenden, sind erwartungsgemäß Netzwerke zur Steuerung der Aufmerksamkeit betroffen, die durch Meditation gestärkt werden könnten (Grant et al., 2013). Wenn die spezifischen Defizite in der neuronalen Regulation bei einer psychischen Störung bekannt sind, könnte eine ebenso spezifische Meditation, die auf die entsprechenden Netzwerke einwirkt, mit einem

Neurofeedback kombiniert werden, das die Aktivität aus der betreffenden Region zurückmeldet. Auf diese Weise könnten Meditationen für bestimmte psychische Störungen maßgeschneidert werden und die betroffenen Menschen könnten durch ein meditatives Training mit Neurofeedback lernen, ihre Hirnaktivität in einer Weise zu regulieren, die ihren Symptomen entgegenwirkt.
Eine derartige gezielte klinische Anwendung ist bisher noch Zukunftsmusik, es wurden jedoch bereits einige spezifische Empfehlungen formuliert, wie unterschiedliche meditative Zustände mittels Neurofeedback gezielt unterstützt werden könnten (Brandmeyer & Delorme, 2020; Tarrant, 2017). In einer eigenen Pilotstudie zeigte sich allerdings, dass dieser Ansatz einen hohen technischen und zeitlichen Aufwand erfordert, dass ein Teil der Meditierenden durch die Rückmeldungen mehr beeinträchtigt als unterstützt wurde und dass bei einer erfolgreichen Veränderung der Hirnaktivität während des Trainings diese in einer Sitzung ohne Feedback-Signal nicht aufrechterhalten werden konnte (Prestel et al., 2019).
Inzwischen gibt es mehrere Anbieter günstiger EEG-Systeme für die Heimanwendung auf dem Markt, die teilweise explizit eine Unterstützung von Meditation versprechen (Überblick von Geräten in Sawangjai et al., 2020). Auf der Website zum Buch finden Sie Links zu Anbietern und kritische Einschätzungen dazu für den Fall, dass Sie diesen Ansatz interessant finden und verfolgen möchten.

Nach diesem Überblick über aktuelle Befunde und neue Ansätze der Meditationsforschung können wir uns – mit dem nötigen Hintergrundwissen ausgestattet – nun der Praxis zuwenden. Ich lade Sie dazu ein, mit drei geführten Meditationen zu experimentieren, um ganz ohne technische Hilfsmittel, allein auf der Grundlage Ihrer Erfahrungen, eine maßgeschneiderte Meditation für sich selbst zu entwickeln.

VORAUSSETZUNGEN DES ÜBENS UND DREI GEFÜHRTE MEDITATIONEN

Im alltäglichen, wachen Bewusstseinszustand, in dem Sie sich höchstwahrscheinlich jetzt gerade befinden, besteht die menschliche Erfahrungswelt hauptsächlich aus körperlichen Empfindungen, Wahrnehmungen der Sinnesorgane, Gefühlen und Gedanken. Sie können das leicht überprüfen, indem Sie untersuchen, was Ihnen in diesem Moment bewusst ist: (1) Sie können Ihren Körper spüren, (2) nehmen mit Ihren Augen (oder eventuell auch Ohren) die Worte dieser Sätze wahr und (3) denken sie dabei innerlich mit.

Außerdem vollzieht sich dieses Erleben in einem bekannten Bezugsrahmen: Sie können vermutlich leicht angeben, wo Sie sich befinden, wie spät es gerade ist und wer Sie sind, das heißt, Sie kennen Ihre Identität (Name, Beruf, Familienstand etc.).

Unsere Handlungen sind zudem typischerweise begleitet von dem Gefühl, dass ich diejenige oder derjenige bin, die/der etwas tut. Wir können uns an zurückliegende Erfahrungen erinnern, planen, was wir als Nächstes tun möchten, und haben Erwartungen, wie das dann vermutlich sein wird. Aufgrund unserer gebildeten Erwartungen entscheiden wir uns dann für jene Handlungsalternativen, die versprechen, unsere jeweiligen Bedürfnisse am besten zu befriedigen. Welche Bedürfnisse kann Meditation befriedigen? Warum könnte es sich lohnen, etwas Zeit in die Praxis von Meditation zu investieren? In der Einführung haben Sie einiges über positive Wirkungen von Meditation gehört, was Sie möglicherweise motiviert. Nehmen Sie sich, wenn Sie möchten, nun etwas Zeit, um jene Wirkungen von Meditation aus der Einführung Revue passieren zu lassen (und zu notieren), die bei Ihnen als wichtig und erstrebenswert »hängen geblieben« sind.

Bevor die konkreten Übungen beginnen, möchte ich im folgenden Kapitel noch kurz auf die Rahmenbedingungen eingehen, in denen die Praxis stattfindet. Dazu gehört der äußere – räumliche und zeitliche – Rahmen, aber vor allem auch die Motivation, mit der Sie in die Übungen hineingehen.

Voraussetzungen: Motivation, Ort und Zeit

Meditation kann aus ganz unterschiedlichen Beweggründen praktiziert werden. Auch die möglichen Motivationen zur Meditation sind Gegenstand der Forschung, und es existiert ein Fragebogen, der vier unterschiedliche Skalen beinhaltet (Schmidt & Netz, 2012, zitiert nach Schmidt, 2014):

1. **Wohlbefinden:** Entspannung, Abschalten, Ruhe, Gelassenheit, innere Balance, positive Stimmung, angenehme Zustände, Wohlfühlen, Erholung;

2. **Emotionsregulation:** Empathie und Mitgefühl entwickeln, Loslassen lernen, Umgang mit Schmerz, Angst, Trauer und Enttäuschungen;
3. **Selbsterforschung:** Gefühle wahrnehmen, eigene Motive erkennen, sich selbst bewusst wahrnehmen, Selbsterkenntnis, Innenschau;
4. **Selbsttransformation:** eins werden, Natur der Dinge erkennen, Erleuchtung, vollständige Befreiung.

Die nachfolgenden Übungen und geführten Meditationen dienen vor allem zwei Aspekten: der Selbsterforschung und dem Wohlbefinden. Es geht dabei weniger um ein Abschalten als vielmehr um ein aktives *Umschalten* – raus aus dem Hamsterrad der hektischen Betriebsamkeit des Alltags, hin zu innerer Sammlung und einer erweiterten Wahrnehmung der eigenen Innenwelt.

Damit dieses Üben sich gut entwickeln kann, ist es wichtig, dass Sie günstige Rahmenbedingungen dafür schaffen. Wählen Sie also einen Ort, an dem Sie für die Dauer der Übungen möglichst ungestört sind. In der Regel wird dies ein Raum bei Ihnen zu Hause sein oder ein Platz draußen in der Natur in ruhiger Umgebung. Gestalten Sie die Bedingungen möglichst angenehm: Sorgen Sie für frische Luft, eine behagliche Temperatur und gedämpfte Beleuchtung. Schalten Sie Ihr Mobiltelefon stumm oder ganz aus und informieren Sie Ihre Mitmenschen, dass Sie für eine bestimmte Zeitspanne nicht gestört werden möchten. Ein entsprechender Hinweis an der Zimmertür kann zusätzlich als Erinnerung nützlich sein.

Für die Vorübungen reichen fünf bis zehn Minuten aus. Bei den drei geführten Meditationen können Sie sich an der Dauer der Anleitungen orientieren. Sehen Sie jedoch noch etwas zusätzliche Zeit für die Vorbereitung und eine anschließende Phase zum Ausklingen vor. Optimal wäre es,

wenn Sie 30 bis 45 Minuten Zeit für das Üben reservieren könnten.
Wenn Sie Ihren Tag mit einem Terminkalender planen, dann tragen Sie dort ein Zeitfenster für die Meditation ein. Ich empfehle Ihnen, die Übungszeiten in die ruhigen Morgen- oder Abendstunden zu legen. Was günstiger ist, hängt von Ihrem persönlichen Biorhythmus ab: Wählen Sie die Tageszeit, zu der Sie wach und munter sind. Im Ausblick gehe ich ausführlich darauf ein, wie sich regelmäßige Zeiten der Meditation gut in den Tagesablauf integrieren lassen.
Während der Meditation sollten Sie weder hungrig noch durstig sein oder zur Toilette gehen müssen. Kümmern Sie sich also vorher um Ihre physiologischen Grundbedürfnisse, ohne jedoch zu viel oder schwer zu essen, denn das macht erfahrungsgemäß müde und geistig träge. Die Ernährung kann die Meditation stark beeinflussen. Auch dies erörtere ich noch eingehend im Ausblick.
Zu guter Letzt empfehle ich Ihnen noch, ein Diktiergerät oder Blatt und Stift für Notizen bereitzulegen, falls Sie während der Meditation Beobachtungen machen oder Ihnen Ideen kommen, die Sie gerne zwischendurch oder unmittelbar im Anschluss an die Meditation festhalten möchten.

Übungen zum Einstieg: Körperhaltung, Atmung und Hände

Die typischen Haltungen für die klassische Meditation sind das Sitzen und das Knien. Ein Vorteil gegenüber dem Stehen ist, dass beides weniger anstrengend ist. Vorteil gegenüber dem Liegen ist, dass Sie durch die aufrechte Haltung nicht so leicht einschlafen. Wenn Sie sich für das Knien entscheiden, rate ich Ihnen dringend dazu, ein niedriges Bänk-

chen oder ein festes Kissen zwischen den Beinen zu benutzen, auf das Sie sich setzen, damit nicht Ihr volles Gewicht auf den Unterschenkeln und Füßen ruht, deren Durchblutung dadurch stark beeinträchtigt würde.
Wenn Sie im Sitzen meditieren möchten, dann probieren Sie zunächst erst einmal alle Stühle, Hocker und Sitzkissen aus, die Ihnen zur Verfügung stehen. Auf welchem Stuhl sitzen Sie am bequemsten, ohne sich anzulehnen? Stehen die Füße flach auf dem Boden? Sind die Oberschenkel in etwa waagrecht? Vergleichen Sie das Sitzen mit dem Knien: Welche Haltung ist Ihnen lieber? Lassen Sie sich einige Minuten Zeit für Ihre Tests, um den Komfort auch für längere »Sitzungen« realistisch einschätzen zu können.

Das Sitzen auf dem Boden mit gekreuzten Beinen im Schneidersitz, im halben oder gar vollen Lotossitz ist geradezu ein Sinnbild für das Meditieren, was zu der Annahme verleiten kann, dass man nur – oder jedenfalls am besten – in dieser Haltung meditieren könne. Das ist ein Irrtum. Wenn die Hüftgelenke nicht die nötige Beweglichkeit aufweisen, ist es nur mit Kraftaufwand möglich, die Beine gekreuzt übereinanderzuschlagen. Dabei werden die Kniegelenke zudem verdreht, was diese langfristig schädigen kann. Beim Entspannen sinkt dann häufig auch noch der untere Rücken ein und wölbt sich nach hinten, was durch eine Beugung des Oberkörpers nach vorne kompensiert wird, sodass keine entspannte und zugleich aufrechte Haltung eingenommen werden kann.
Falls Sie die nötige Flexibilität in der Hüfte und den Beinen haben, können Sie natürlich gerne mit gekreuzten Beinen sitzen. Meine Erfahrung aus vielen Seminaren ist jedoch, dass tatsächlich nur wenige Menschen aus dem hiesigen

Kulturkreis längere Zeit wirklich bequem so auf dem Boden sitzen können. Und wenn bereits nach einiger Zeit die Beine zu schmerzen beginnen, ist es nicht nur mit dem Wohlbefinden vorbei, auch die Aufmerksamkeit wird automatisch immer wieder auf die Schmerzen gelenkt und vom eigentlichen Objekt der Meditation abgezogen.

Indem Sie eine bequeme, angenehme Körperhaltung für sich finden, können Sie solche Schmerzen, unnötiges Leiden und Frustration vermeiden, die die Motivation für das Meditieren untergraben könnten. In meinen Kursen lasse ich die Teilnehmenden selbst entscheiden, ob sie bei den geführten Meditationen sitzen, knien oder liegen möchten. Und ich praktiziere inzwischen auch selbst immer öfter im Liegen, weil ich dies als sehr gute Alternative zum Sitzen schätzen gelernt habe.

Der größte Nachteil einer Meditation im Liegen ist die Gefahr einzuschlafen. Das Risiko hierfür ist bei einer geführten Meditation allerdings nicht ganz so groß, weil die anleitende Stimme ein Abdriften immer wieder unterbricht und die Aufmerksamkeit zurück auf die Meditation lenkt. Außerdem gibt es einige zusätzliche Maßnahmen, mit deren Hilfe das Risiko reduziert werden kann:

1. **Den Kopf/Oberkörper etwas höher lagern.** Ein flaches Kissen unter dem Kopf verwenden viele Teilnehmende spontan, wenn sie sich für das Liegen in der Rückenlage entscheiden. Die erhöhte Kopfposition vermittelt mehr Kontrolle über das Geschehen. Mein Tipp: Verwenden Sie statt eines Kopfkissens mehrere gefaltete Decken, die eine leicht ansteigende Rampe für den gesamten Oberkörper bilden. Wenn Sie auf dem Bett liegend üben, können Sie auch ein Kissen *unter* der Matratze platzieren, um diesen Effekt zu erzielen, oder das Kopfteil des Lattenrosts leicht schräg stellen, falls dieser über eine entsprechende Funktion verfügen sollte.

2. **Die Knie oder Unterarme aufstellen.** Das Aufstellen der Knie in der Rückenlage kann den Bodenkontakt des unteren Rückens (»Hohlkreuz«) verbessern und gleichzeitig ein Warnsignal liefern, wenn beim Einschlafen die Knie zu den Seiten fallen. Alternativ können auch die Unterarme aufgestellt werden, eventuell in Verbindung mit einer speziellen Handhaltung (siehe unten).
3. **Nur ausgeschlafen üben.** Das mag trivial klingen, ist aber durchaus ein wichtiger Punkt. Auf Seminaren an Wochenenden kommt es immer wieder vor, dass Teilnehmende nach einer arbeitsreichen Woche eigentlich völlig übermüdet sind und dies erst bemerken, wenn sie sich zu Beginn der Meditation auf sich selbst besinnen. Wenn Sie sehr müde sind, dann halten Sie besser erst ein Nickerchen, bevor Sie meditieren. Hören Sie auf die Bedürfnisse Ihres Körpers. Manchmal können auch eine Dusche, Sport oder ein Spaziergang geeignet sein, um Körper und Geist zu erfrischen und für die Meditation vorzubereiten. Wenn Sie morgens üben möchten, dann können Sie abends früher ins Bett gehen, um sicherzustellen, dass Sie zum Beginn der Meditation vollkommen ausgeschlafen sind.

Meine Empfehlung lautet, auch einige Versuche im Liegen zu unternehmen. Wenn Sie bei den geführten Meditationen tatsächlich einschlafen sollten, können Sie immer noch zu einer Sitzhaltung wechseln. Das Liegen hat den großen Vorteil, dass Sie sich körperlich sehr leicht entspannen können, weil Sie keinerlei Spannung in der Haltemuskulatur benötigen. Zudem können Sie in der Rückenlage die Atembewegungen in Bauch und Brust gut wahrnehmen, indem Sie Ihre Hände auf die entsprechenden Körperregionen auflegen (siehe unten).

Mit der Zeit werden Sie lernen, den Körper völlig zu entspannen und zugleich geistig hellwach zu bleiben, um meditative Selbsterforschung zu betreiben. Je stärker Ihr Interesse und Ihr Forschergeist beziehungsweise Forscherinnengeist ausgeprägt sind, umso geringer ist die Gefahr, dass Sie sich langweilen, abdriften und einschlafen. Sie werden sehen, dass die Anleitungen zur Meditation nicht als eine Form der »Berieselung« konzipiert sind, sondern Sie dazu anregen sollen, Ihre Aufmerksamkeit auf bestimmte Aspekte Ihrer Innenwelt zu richten, um diese aktiv zu erkunden. Sobald Sie die Abläufe der Meditationen verinnerlicht haben, können Sie dann ohne Anleitung üben und sind nicht mehr in das zeitliche Korsett eingebunden, das bei einer geführten Meditation vorgegeben wird. Sie können dann selbst das Steuer übernehmen und die Dauer der einzelnen Phasen der Meditationen an Ihre jeweiligen persönlichen Bedürfnisse anpassen.

Wenn Sie eine angenehme Körperhaltung für sich gefunden haben, dann empfehle ich Ihnen zum Einstieg in die Meditation, zunächst die Aufmerksamkeit auf Ihren Atem zu lenken. Die Empfindungen beim Atmen sind ein sehr häufig genutztes Objekt für die Meditation (siehe Liste der Top Ten in der Einführung). Ein wichtiger Grund dafür dürfte sein, dass die Atemempfindungen ein Objekt sind, das sich verändert. Die Bauchdecke hebt und senkt sich, der Luftstrom im Naseneingang strömt kühl ein und wärmer wieder aus. Machen Sie einen kleinen Praxistest, wo überall in Ihrem Körper Sie Atemempfindungen wahrnehmen können und wie sich das Einatmen und Ausatmen voneinander unterscheiden.

Das achtsame Atmen ist vermutlich auch deshalb so weit verbreitet, weil es die Praktizierenden automatisch in die Gegenwart führt: Die Atmung findet immer *jetzt* statt! Sie nehmen den aktuellen Atemzug wahr und nicht einen bereits zurückliegenden oder zukünftigen. Außerdem bildet die Atmung quasi eine Brücke zwischen Psyche und Körper, mit der die Hinwendung zur Wahrnehmung der Innenwelt besonders leicht gelingen kann (siehe dazu Ott & Epe, 2018).
Bevor Sie mit einer geführten Meditation beginnen, empfehle ich Ihnen, zunächst einige Atemzüge zu zählen: Beim Einatmen zählen Sie »eins«, beim Ausatmen »zwei«, beim nächsten Einatmen »drei«, Ausatmen »vier« und so weiter, bis Sie beim fünften Atemzug schließlich ausatmend bei »zehn« angelangt sind. Das dauert nicht lange und klingt eigentlich recht einfach, oder? Machen Sie am besten jetzt gleich einen Versuch mit dieser Vorübung.

Ich selbst nutze diese Übung sehr häufig zu Beginn der Meditation, um herauszufinden, wie ruhig oder innerlich aufgewühlt ich gerade bin. Je nach meinem aktuellen Zustand gelingt es mir sehr gut, mich beim Zählen tatsächlich auf die Atemempfindungen zu konzentrieren, oder ich zähle zwar, bin aber emotional und gedanklich noch mit anderen Dingen beschäftigt. Wenn Letzteres der Fall sein sollte, dann lege ich noch eine weitere Zählrunde bis zehn nach. Meist – aber keineswegs immer – gelingt es mir dann schon deutlich besser, den aufgewühlten, störrischen Geist zu besänftigen, zu zähmen und auf die Atemempfindungen zu lenken. Wenn nötig, folgt auch noch eine dritte Runde. Und wenn ich dann noch weiterhin abschweife, dann beginne ich erst gar nicht mit meiner Hauptmeditation, weil es offenbar ein anderes Thema gibt, das momentan meine Aufmerksamkeit zu sehr beansprucht.

Wenn es Ihnen manchmal ebenfalls Schwierigkeiten bereiten sollte, die Aufmerksamkeit zu sammeln und auf den Körper zu lenken, dann können Sie ein Hilfsmittel einsetzen, das in vielen Traditionen genutzt wird: eine spezielle Handhaltung *(Mudra)*. Was auf den ersten Blick nach einem esoterischen Ritual klingen mag, erweist sich bei näherer Betrachtung als wissenschaftlich gut begründbare Strategie.
In meinen Vorträgen und Seminaren verwende ich häufig Miniübungen beziehungsweise Wahrnehmungsexperimente, um die Wirkung von verschiedenen Handhaltungen durch eigene Beobachtungen nachvollziehbar zu machen.
Die erste Übung besteht darin, die Augen zu schließen und vorübergehend zu vergessen, wie viele Zehen sich an den beiden Füßen befinden. Dann fordere ich die Anwesenden dazu auf, die Zehen an ihrem linken Fuß zu zählen, und zwar ohne dabei die Augen zu öffnen oder die Zehen zu bewegen – alleine aufgrund der Empfindungen, die sie von den einzelnen Zehen spüren. Bitte prüfen Sie selbst, inwiefern Sie dazu in der Lage sind, die Anzahl Ihrer Zehen am linken Fuß auf diese Weise zu bestimmen.

Erfahrungsgemäß löst diese Übung Verwunderung und Erstaunen bei den Teilnehmenden aus. Denn sie stellen fest, dass sie zwar den großen Zeh relativ gut von den übrigen Zehen unterscheiden können, aber wie viele Zehen sich links vom großen Zeh noch befinden, kann fast niemand eindeutig bestimmen. Wie ist es Ihnen bei dieser Übung gegangen? Sie können auch die Zehen des rechten Fußes zählen, das dürfte kaum einen Unterschied machen.
Bevor ich auf den Hintergrund und Sinn dieser Übung eingehe, möchte ich Ihnen ein weiteres Experiment vorschlagen. Zählen Sie nun zum Vergleich die Finger Ihrer rechten

(oder linken) Hand, indem Sie diese einzeln nacheinander spüren: Daumen, Zeigefinger, Mittelfinger usw. Wiederum gilt: Nicht hinschauen und auch die Finger nicht bewegen, nur spüren!

Was für ein gewaltiger Unterschied! Verglichen mit den Zehen ist das Zählen der fünf Finger ein Kinderspiel. Jeder Finger ist deutlich spürbar und von den anderen unterscheidbar, hat sozusagen seine eigene Individualität. Die Grundlage hierfür sind die neuronalen Repräsentationen unseres Körpers im somatosensorischen Kortex. Wie groß und detailliert diese »Landkarten« einzelner Teile unseres Körpers dort ausfallen, hängt davon ab, wie viele sensible Nervenfasern von dort Empfindungen zum Gehirn leiten. Unsere Hände weisen eine besonders hohe Dichte an Sensoren auf, was sich subjektiv als Feinfühligkeit des Tastsinns äußert und auf Ebene des Kortex mit einer entsprechend großflächigen Repräsentation der Hände einhergeht. Eine sehr anschauliche Darstellung der Größenverhältnisse der Repräsentationen der Körperteile können Sie leicht im Internet finden, wenn Sie in einer Suchmaschine den Begriff »homunculus« eingeben und eine Suche nach Bildern starten.

Sie finden auf diese Weise Abbildungen, in denen die verschiedenen Körperteile auf den somatosensorischen Kortex gezeichnet sind. Noch eindrücklicher sind jedoch Skulpturen eines Menschen, bei denen die Körperteile entsprechend der Größe ihrer Areale auf dem Kortex gestaltet sind. Die Hände sind bei so einem künstlich erzeugten Menschen

(Homunkulus) gigantisch große »Pranken«. Auch Gesicht, Lippen und Zunge sind enorm groß, wohingegen die Arme und Beine spindeldürr ausfallen (siehe Abbildung 1).

Der Zweck der obigen Experimente besteht darin, in der unmittelbaren Erfahrung die Tatsache nachzuvollziehen, dass unsere Hände und Finger sehr differenziert spürbar sind. Bei unserer subjektiven Wahrnehmung des Körpers kommt ihnen ein großer Stellenwert zu, und dies gilt ebenso für die meisten unser Hand-lungen, die nicht zufällig so benannt sind.
Die prominente Stellung unserer Hände beim Spüren des Körpers können wir beim Meditieren nutzen, um die Aufmerksamkeit gezielt zu steuern. Bildlich gesprochen sind unsere Hände wie »Magneten« für die Aufmerksamkeit: Wo unsere Hände sind, dorthin können wir auch leicht unsere Aufmerk-

samkeit richten und halten. Wenn Sie jetzt nochmals auf Ihre Atemempfindungen im Bauch achten, dann können Sie nach einiger Zeit zusätzlich Ihre Hände sanft auf den Bauch auflegen und beobachten, wie sich die Übung dadurch verändert.

Sie fühlen die Bewegungen der Bauchdecke beim Atmen dann nicht nur im Bauch selbst, sondern zusätzlich auch über die Empfindungen auf den Handflächen, was es deutlich einfacher macht, die Atembewegungen differenziert wahrzunehmen und die Bewusstheit dort zu halten. Es ist dazu allerdings nicht nötig, die Hände flach auf den Bauch aufzulegen, es genügt bereits, diese vor dem Bauch ineinanderzulegen. Vielleicht haben Sie diese typische Handhaltung schon einmal bei einer meditierenden Person gesehen: Die beiden Handflächen liegen dabei wie zwei Schalen ineinander und die Daumen berühren sich sanft an den Spitzen (siehe Abbildung 2).

Setzen Sie sich für ein paar Atemzüge aufrecht hin und nehmen Sie dabei diese Handhaltung ein. Lassen Sie die Schultern und Arme dabei so entspannt wie möglich hängen. Wie fühlt sich das an?

Das Zusammenführen aller Fingerspitzen vor dem Bauch ist eine Geste der Konzentration, die vor allem durch die Bundeskanzlerin Angela Merkel eine gewisse Berühmtheit erlangt hat, weil sie diese Handhaltung recht häufig bei ihren öffentlichen Auftritten einnimmt. Wie verändert sich Ihre Konzentration, wenn sich nicht nur die Spitzen der Daumen, sondern die Spitzen aller korrespondierenden Finger berühren? Legen Sie die Handflächen dann wieder ineinander und vergleichen Sie, ob und gegebenenfalls wie sich das auf Ihr Wohlbefinden und Ihre innere Sammlung auswirkt.

Menschen, die noch nie zuvor meditiert haben, berichten häufig, dass sie eine unmittelbare Wirkung der Handhaltung feststellen können: Die ineinandergelegten Hände drücken als Geste ein Ruhen in sich selbst, ein Zentrieren in der eigenen Mitte aus und erleichtern es, diese Haltung auch innerlich einzunehmen.
Eine ähnliche Handhaltung ist das Zusammenlegen der Handflächen vor der Brust auf Höhe des Herzens (siehe Abbildung 3).

NAMASTE

MUDRA

Gegenüber dieser verbreiteten Gebetshaltung verspürte ich lange Zeit eine große Abneigung, weil sie für mich Inbegriff einer von mir abgelehnten christlichen Frömmigkeit war, die sich bittend an einen allmächtigen Gott wandte (»Bitte, lieber Gott, mach, dass dies oder jenes geschehen möge!«). Auch im zwischenmenschlichen Bereich wird ein flehendes Bitten gelegentlich von dieser Handhaltung begleitet, eventuell noch ergänzt mit einem Kniefall.

In Indien (und beim Unterrichten von Yoga) wird diese Geste bei der Begrüßung (und Verabschiedung/Danksagung) genutzt und drückt eine große Wertschätzung aus (*Namaste:* »Ich verbeuge mich vor dir«), was dazu beigetragen haben dürfte, meine anfängliche Abneigung dieser Haltung gegenüber zu reduzieren.

Vor einigen Jahren kam dann irgendwann der Zeitpunkt, an dem ich meine alten Vorbehalte ganz beiseiteließ und selbst mit dieser Handhaltung experimentierte. Bevor ich

Ihnen von den Einsichten berichte, die ich dabei gewonnen habe, möchte ich Sie dazu einladen, selbst ein Experiment zu unternehmen. Setzen Sie sich aufrecht und entspannt hin und falten Sie Ihre Hände vor der Brust. Lassen Sie die Schultern und Arme möglichst locker hängen und achten Sie darauf, dass sich die Handflächen und Finger möglichst auf der ganzen Fläche berühren, ohne sie jedoch mit zu viel Druck aufeinanderzupressen. Richten Sie Ihre Aufmerksamkeit auf alle Empfindungen in den Händen (Wärme, Berühren und Berührt-Werden), atmen Sie dabei ruhig und beobachten Sie für mindestens eine Minute, ob und gegebenenfalls wie sich die Empfindungen in den Händen verändern.

Bei dieser Übung bestätigen viele Teilnehmende, dass sich die Wahrnehmung tatsächlich nach relativ kurzer Zeit – oft bereits schon nach 20 bis 30 Sekunden – deutlich verändert. Anfangs sind die Hände klar als zwei Hände unterscheidbar, die die jeweils andere Hand berühren und von jener zugleich berührt werden. Schon bald beginnt diese Abgrenzung und Verschiedenheit jedoch zu verschwinden, und die Hände verschmelzen quasi zu einer warmen, fühlenden »Masse« Hand. Wenn die Aufmerksamkeit darauf gerichtet bleibt, steigt zugleich die Bewusstheit für den mit der Rückseite der Daumen berührten Brustraum und die Herzregion. Bei Meditationen, die auf das Kultivieren emotionaler »Herzqualitäten« (Mitgefühl, liebende Güte) ausgerichtet sind, kann diese Handhaltung eine Unterstützung bieten, um die damit verbundenen körperlichen Empfindungen (siehe Einführung) zu verstärken.

In der ersten geführten Meditation werden wir Handhaltungen gezielt einsetzen, um die Aufmerksamkeit erst auf die Bauchatmung und anschließend auf die Brustatmung und in die Herzregion zu lenken. Eine dritte Handhaltung, die ich Ihnen zu guter Letzt noch vorstellen möchte, ist das sogenannte »Chin-Mudra«. Wahrscheinlich haben Sie diese Haltung schon selbst praktiziert und mit Sicherheit bei Personen gesehen, die einen Vortrag gehalten haben. Bei dieser Handhaltung werden die Spitzen von Daumen und Zeigefinger zueinander geführt, sodass beide einen Ring bilden (siehe Abbildung 4).

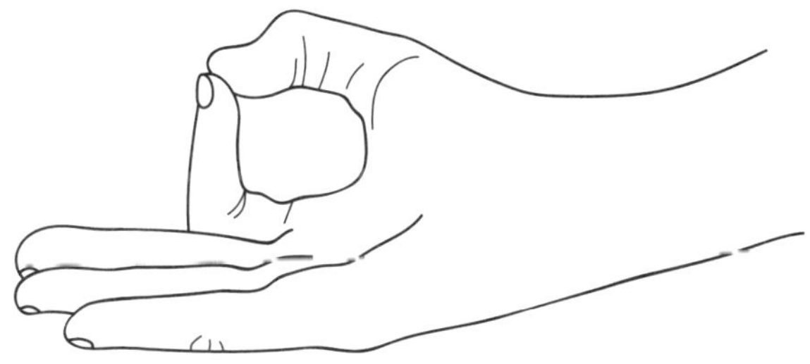

Chin-Mudra

Diese Handgeste wird häufig dann eingesetzt, wenn jemand etwas »auf den Punkt bringen« möchte. Es ist also eine ganz typische Handhaltung beim Dozieren oder präzisen Erklären von Sachverhalten, die üblicherweise mit der dominanten Hand ausgeführt wird. Probieren Sie aus, wie es sich anfühlt, Daumen und Zeigefinger in der Weise zusammenzuführen. Beim Erklären wird gleichzeitig oft noch die

Hand nach vorne und hinten bewegt, um der Geste mehr Nachdruck zu verleihen.

Was passiert aber nun, wenn Sie diese Handhaltung beim Meditieren einnehmen? Machen Sie einen weiteren Versuch, diesmal jedoch mit beiden Händen. Sie können dabei liegen oder entspannt sitzen. Entscheidend ist, dass die übrigen Finger völlig entspannt bleiben und nicht etwa gestreckt abgespreizt werden, wie dies manchmal im Yoga praktiziert wird. Die gesamte Aufmerksamkeit ist – zugleich auf der rechten und der linken Seite – auf den Punkt gerichtet, wo sich die Spitzen von Daumen und Zeigefinger berühren. Lassen Sie sich auch bei dieser Übung wieder mindestens eine Minute Zeit, um etwaige Veränderungen Ihrer Empfindungen zu beobachten.

Die erste Beobachtung, von der viele Teilnehmende berichten, ist, dass am Kontaktpunkt ein Pulsieren wahrgenommen wird. Der Puls im Daumen ist besonders stark, weshalb dieser nicht benutzt werden darf, wenn man am Handgelenk den Puls einer anderen Person ertasten möchte. Allerdings hat das Pulsieren oftmals nicht die Empfindungsqualität einer Druckwelle, wie beim Tasten des Pulses, sondern kann mehr wie ein feines »elektrisches« Bitzeln, Prickeln oder Kribbeln empfunden werden. Nach einiger Zeit kann auch der Eindruck entstehen, dass in dem Ring, den Daumen und Zeigefinger bilden, eine Art geschlossener »Energiekreislauf« entsteht und es kaum mehr möglich oder jedenfalls unangenehm wäre, die Finger zu lösen und damit diesen Kreislauf zu unterbrechen.

Wenn Sie in einer liegenden Haltung meditieren möchten, jedoch Schwierigkeiten damit haben, dass Sie dabei leicht einschlafen, dann empfehle ich Ihnen, diese Handhaltung auszuprobieren. In meinen Seminaren mit erfahrenen Yoga-Praktizierenden erhielt ich viele positive Rückmeldungen von Teilnehmenden, denen es dadurch wesentlich leichter fiel oder sogar erstmals überhaupt gelang, im Liegen zu meditieren, ohne dabei in Schlaf zu sinken.

Bei meiner eigenen Praxis im Liegen erlebe ich es so, dass der Körper mit zunehmender Entspannung weitgehend in den Hintergrund tritt und quasi unter die Oberfläche des Bewusstseins »abtaucht«. Die beiden Berührungspunkte an Daumen und Zeigefinger auf der rechten und linken Seite bleiben jedoch die ganze Zeit über im Bewusstsein präsent, so als ob sie wie zwei Felsspitzen aus einer Wasseroberfläche herausragen und durch die Empfindungen ständig kleine Wirbel beziehungsweise Wellen mit Schaumkronen erzeugen, die das Bewusstsein wach und fokussiert halten.

Diese Handhaltung kann in der dritten Phase der geführten Meditation eingesetzt werden, die im nun folgenden Kapitel vorgestellt wird.

Die nachfolgenden Beschreibungen der drei Meditationen ermöglichen es prinzipiell, die Meditationen auch alleine anhand des Textes zu praktizieren. Allerdings wird es Ihnen erheblich leichter fallen, wenn Sie die Meditation zuvor mithilfe der Audio-Anleitungen geübt haben. Das gilt insbesondere für die dritte Meditation, wo darauf nochmals explizit hingewiesen wird.

Meditation 1: Ruhe, Liebe, Klarheit

Die erste geführte Meditation, die ich Ihnen in diesem Buch vorstellen möchte, setze ich in meinen Ausbildungsseminaren und – wenn es die Zeit erlaubt – auch öffentlichen Vorträgen ein. Ausgangspunkt für die Entwicklung dieser Meditation war die folgende Frage, die mich als Ausbilder beschäftigte: Welche Qualitäten zeichnen eine Person aus, die glaubwürdig und kompetent Meditation und Yoga unterrichtet? Neben dem nötigen Fachwissen sind es vor allem drei persönliche Qualitäten, die aus meiner Sicht von entscheidender Bedeutung sind:

1. **Ruhe:** Ein hektischer und nervöser Mensch wäre für mich als Lehrperson für Meditation und Yoga von vornherein unglaubwürdig.
2. **Liebe:** Eine liebevolle, wohlwollende und mitfühlende Grundhaltung zu den Schülerinnen und Schülern erscheint mir sehr wichtig. Bei jemandem, der kalt und distanziert »von oben herab« unterrichtet, würde ich mich nicht wohlfühlen.
3. **Klarheit:** Emotionale Offenheit und Wärme alleine reichen jedoch nicht aus. Wer andere unterrichtet, sollte sich in Bezug auf die eigenen Motive sehr bewusst sein und die subtilen Kommunikationsmuster in der Lehrsituation klar erfassen können (Gruppendynamik, nonverbale Botschaften, Projektionen und Rollenspiele etc.).

Sie können sich sicher gut vorstellen, dass die Präsentation so einer Liste erwünschter Eigenschaften im Rahmen eines Ausbildungsseminars die Teilnehmenden zur Reflexion anregt, wie sehr sie diesem Idealbild entsprechen, und sie dadurch potenziell auch etwas unter Druck setzt. Daher beeile ich mich zu ergänzen, dass es nicht um ein Idealbild geht, das wir in unserer Vorstellung von uns erschaffen und dem wir dann nacheifern, um uns nach außen entsprechend zu präsentieren. Es geht vielmehr darum, diese in uns selbst bereits vorhandenen Qualitäten zu vertiefen. Genau diesem Zweck dient diese Meditation.

Ein wichtiger Punkt dabei ist, dass es sich um Qualitäten handelt, die sich nicht an einem bestimmten Verhalten alleine festmachen lassen, sondern die ein Mensch mit seiner ganzen Art zu sein »ausstrahlt«. Der zweite, entscheidende Punkt für die Entwicklung der Meditation war die Einsicht, dass diese Qualitäten mit Empfindungen in bestimmten Körperregionen verbunden sind und dort durch wiederholtes Üben fest verankert werden können:

1. **Bauch:** In der ersten Phase der Meditation wird die Aufmerksamkeit auf die Empfindungen gerichtet, die die Atembewegungen im Bauchraum begleiten. Das Heben und Senken der Bauchdecke geschieht in einem – im Vergleich mit gedanklichen Prozessen – langsamen Rhythmus. Das bewusste Wahrnehmen des autonom ablaufenden, stetigen Hin und Her beziehungsweise Auf und Ab beruhigt den Geist ganz automatisch.
2. **Brust/Herzregion:** Beim Übergang zur zweiten Phase der Meditation wandert die Aufmerksamkeit nach oben und richtet sich auf die Empfindungen, die die Brustatmung begleiten. Das Weiten des Brustkorbs wird dabei verbunden mit einer Hinwendung zu Gefühlen, die in der Herzregion wahrgenommen werden.
3. **Naseneingang/Kopf:** Während der dritten Phase der Meditation stehen die Atemempfindungen im Naseneingang im Fokus der Aufmerksamkeit. Damit treten zugleich mentale Prozesse in den Vordergrund der Betrachtung und werden mithilfe einer Meditation auf bestimmte Begriffe allmählich zur Ruhe gebracht.

Am Ende der dritten Phase wird der Bewusstseinsraum schließlich wieder nach unten hin ausgeweitet, sodass auch die Empfindungen im Bauch- und Brustraum einbezogen und die zuvor separat fokussierten Bereiche als ein atmendes Ganzes wahrgenommen werden.

Nach diesem ersten groben Überblick wird das Vorgehen in den drei Phasen der Meditation im Folgenden eingehend erläutert. Zuvor möchte ich Ihnen jedoch noch kurz schildern, wie sich die Anwendung dieser Meditation im Lauf der Zeit ausgeweitet hat und warum ich sie inzwischen auch Menschen vermittele, die zum ersten Mal mit Meditation in Berührung kommen.

In den vergangenen Jahren habe ich etliche Seminare zur Weiterbildung von psychotherapeutisch tätigen Menschen durchgeführt. Ebenso wie bei Personen, die Meditation und Yoga unterrichten, sind es auch hier fast dieselben menschlichen Qualitäten, die bei der therapeutischen Arbeit hilfreich sind und von den Behandelten sehr geschätzt werden: (1) Ruhe und Gelassenheit, (2) Wärme und Mitgefühl, (3) Klarheit und Präsenz. Wenn Sie selbst eine Psychotherapeutin oder einen Psychotherapeuten aufsuchen wollten, würden Sie sich vermutlich wünschen, dass sie oder er diese persönlichen Qualitäten aufweist.

Im Alltag einer psychotherapeutischen Praxis besteht eine besondere Herausforderung darin, dass die Patientinnen und Patienten in einem engen zeitlichen Takt aufeinander folgen: Nachdem Frau X ihr Herz ausgeschüttet und bitterlich geweint hat, präsentiert nach einer zehnminütigen Pause Herr Y seine emotionalen Konflikte und so weiter. Es bleibt also nur wenig Zeit, sich zwischen den Therapiesitzungen innerlich von einem Behandlungsfall zu lösen und auf den nächsten einzustimmen. Um in dieser Situation (Bauch, Herz und) den Kopf »freizubekommen«, ist diese Meditation gut geeignet, weil sie mit entsprechender Übung

und durch Modifikationen (siehe unten) in wenigen Minuten durchgeführt werden kann.
Die Teilnehmenden an Seminaren mit Vorerfahrung in Meditation, Yoga und Psychotherapie berichteten beim Erfahrungstausch im Anschluss an die Meditation, dass es ihnen sehr leichtfiel, der Anleitung zu folgen, und waren teilweise verblüfft, wie schnell und effektiv sich damit positive Wirkungen erzielen ließen. Diese Rückmeldungen ermutigten mich, die Meditation auch in öffentlichen Vorträgen mit Menschen ohne Vorerfahrungen durchzuführen, und auch hier waren die Rückmeldungen ausgesprochen positiv. Inzwischen bin ich davon überzeugt, dass nicht nur Meditation und Yoga lehrende und psychotherapeutisch tätige Menschen von dieser Meditation profitieren, indem sie sich damit auf ihre Arbeit einstimmen, sondern dass tatsächlich fast alle Menschen, die sich für Meditation interessieren, auch gerne ruhiger, liebevoller und klarer werden möchten.
Ich werde nun ausführlich auf die einzelnen Phasen der Meditation eingehen, um Ihnen das konkrete Vorgehen und die jeweiligen wissenschaftlichen Hintergründe zu erläutern.

Phase 1: Bauchatmung – Ruhe, Frieden, Loslassen

Nachdem Sie alle Vorbereitungen abgeschlossen haben und sich in der bevorzugten Körperhaltung befinden, richten Sie die Aufmerksamkeit auf die Empfindungen, die beim Atmen im Bauch entstehen. Wenn Sie im Liegen üben, können Sie die Hände auf den Bauch legen, um die Atembewegungen deutlicher zu spüren. Im Sitzen empfehle ich Ihnen die Handhaltung, bei der die Handflächen vor dem Bauch inei-

nandergelegt sind und sich die Spitzen der Daumen sanft berühren.
Beginnen Sie nach einigen Atemzügen damit, bei jedem Ausatmen innerlich (lautlos) das Wort »Ruhe« zu wiederholen. Sie können auch beim Einatmen die Silbe »Ru« und beim Ausatmen »he« wiederholen, wenn Ihnen das angenehmer ist. Probieren Sie beide Varianten aus, um herauszufinden, was Ihnen besser gefällt.

Bei der Audio-Anleitung gebe ich die erste Variante vor, bei der das gesamte Wort »Ruhe« beim Ausatmen wiederholt wird. Bei dieser Variante wird während des Einatmens nichts wiederholt, sodass eine (Ruhe-)Pause entsteht, die ich als angenehm empfinde. Wenn Sie bemerken, dass Sie in dieser Pause dazu neigen, sich in Gedanken zu verlieren, dann verteilen Sie die beiden Silben besser auf die Atemphasen, wie es oben als zweite Variante beschrieben ist.
Das Wort »Ruhe« und die weiteren Begriffe, die noch folgen werden, dienen bei dieser Meditation als ein Mantra. Durch die Wiederholung eines Mantras soll verhindert werden, dass der Geist in Gedanken abschweift. Der Mechanismus dahinter ist simpel: Sie können nicht gleichzeitig zwei Gedanken denken; wenn das Mantra den Geist ganz ausfüllt, ist kein Platz für weitere Gedanken.
Die Meditation mit einem Mantra ist sehr beliebt und verbreitet. Diese Technik ist in den Top Ten enthalten (auf Platz 8), die ich Ihnen in der Einführung vorgestellt habe. In der ersten Phase wird die Mantra-Wiederholung mit einer Technik kombiniert, die allerdings noch stärker verbreitet ist (auf Platz 2 der Top Ten): »auf das Heben und Senken der Bauchdecke beim Atmen achten«.

Der entscheidende Punkt bei der Kombination dieser Techniken ist, dass diese nicht isoliert voneinander praktiziert werden, sondern eng aufeinander bezogen sind. Die Wiederholung des Wortes »Ruhe« erfolgt nicht mechanisch, wie eine Art Roboterstimme, lediglich im Kopf, sondern wird dazu genutzt, die Aufmerksamkeit in den Körper und insbesondere den Bauchraum zu richten, um zu spüren, wo Empfindungen die Qualität von Ruhe beinhalten.

Wenn Sie innerlich das Wort »Ruhe« wiederholen, dann geschieht dies nicht im Sinne eines Kommandos (»Ruhe!«) oder einer Autosuggestion, wie bei der Ruhetönung des Autogenen Trainings (»Ich bin ganz ruhig«). Sie lauschen mehr auf den Klang des Wortes, vergegenwärtigen sich seine Bedeutung und spüren in Ihren Körper hinein, wo Sie die Qualität von Ruhe wahrnehmen (»Wo fühle ich Ruhe in mir?«).

Es geht also nicht darum, vom Kopf her *(top-down)* den Körper aktiv zu beeinflussen. Sie nehmen wahr, was bereits in Ihnen ist. Dies ähnelt der Meditationstechnik des »Labeling«, bei der alle im Bewusstsein auftauchenden Phänomene benannt werden. Der Unterschied besteht jedoch darin, dass Sie nicht nur einfach benennen, was spontan von selbst *(bottom-up)* in Ihnen auftaucht, sondern dass Sie sich mithilfe des Mantras geistig auf eine bestimmte Qualität ausrichten und untersuchen, wo es im Körper eine mit der Wortbedeutung übereinstimmende Empfindung (»Resonanz«) gibt. Mit dem Herstellen dieser Verbindung kommt es zu einer körperlichen »Verankerung« der Qualität, die das Mantra bezeichnet.

Überprüfen Sie nun in einer Übung, ob Sie diese Anweisungen in Ihrem Erleben nachvollziehen können. Wiederholen Sie das Wort »Ruhe« und spüren Sie dabei gleichzeitig die Atmung in Ihrem Bauch: Fühlen Sie Ruhe? Entsteht ein

Gleichklang zwischen dem Wort und dem Körpergefühl? Praktizieren Sie diese Übung so lange, bis Sie das Gefühl haben, dass sich keine weitere Vertiefung der Ruhe mehr einstellen kann.

In der ersten Phase der Meditation werden insgesamt drei Begriffe wiederholt. Nach »Ruhe« folgt als nächstes Wort »Frieden« und als letztes Wort dann »Loslassen«. Schließen Sie gleich eine weitere Übung an und wiederholen Sie nun das Wort »Frieden« in der gleichen Weise, wie Sie das eben mit dem Wort »Ruhe« getan haben. Die Aufmerksamkeit ist also weiterhin auf die Atemempfindungen im Bauch gerichtet, nur das Wort ändert sich und damit die Qualität, auf die Sie sich innerlich ausrichten. Wo spüren Sie in sich Frieden?

Im Anschluss an die Meditation frage ich die Teilnehmenden stets danach, ob sie einen Unterschied zwischen Ruhe und Frieden wahrgenommen haben. Die Antwort ist regelmäßig ein Kopfnicken und bestätigendes Ja. Obwohl die beiden Begriffe etwas durchaus Ähnliches bezeichnen, gibt es Nuancen in der Bedeutung. So empfinde ich Ruhe mehr als etwas Vegetatives, als einen Zustand des Organismus, wohingegen Frieden eine stärker emotionale Färbung aufweist.

Welche Bedeutung ein Begriff hat, kann jedoch individuell sehr verschieden sein. Vielleicht passen andere Begriffe, wie zum Beispiel »Befriedigung« oder »Zufriedenheit«, besser zu dem, was Sie innerlich empfinden? Die Begriffe, die ich Ihnen anbiete, sind lediglich als Vorschläge zu ver-

stehen. Es sind Worte, die sich bewährt haben, aber eventuell nicht genau für Sie passen. Werden Sie in diesem Fall kreativ und finden Sie die Worte, die die Qualität am besten beschreiben, die Sie in sich spüren und vertiefen möchten.
Verwenden Sie nun als Nächstes den Begriff »Loslassen«. Es reicht völlig aus, das Wort zu wiederholen und in den Körper hineinzuspüren. Sie müssen nicht aktiv etwas tun, auch wenn das Wort als eine Handlungsanweisung verstanden werden könnte. Es geht in erster Linie darum, das Loslassen als ein Gefühl im Körper wahrzunehmen, das sich muskulär als Schwere oder Entspannung äußert, aber auch auf emotionaler und mentaler Ebene als Loslassen von Konflikten erfahren werden kann.

Alternativ wären auch »Entspannung« oder »Gelassenheit« als Begriffe möglich. Diese sind jedoch abstrakter und nicht so leicht auf körperliche Empfindungen oder seelische Prozesse zu beziehen wie das »Loslassen«. Beim Loslassen geht es nicht darum, etwas in Ihnen abzuweisen oder zu unterdrücken, das Sie in sich wahrnehmen und ablehnen. Erzeugen Sie keinen inneren Widerstand, sondern sehen Sie, was da ist, erkennen Sie es als einen Teil von sich an und lassen Sie es so sein (»Alles darf so sein, wie es ist«). Durch eine liebevolle, wohlwollende, zulassende Haltung integrieren Sie alle Empfindungen in ein Gefühl von Gelassenheit und Ganzheit (siehe auch Phase 3).
Sie haben selbstverständlich nicht nur die Freiheit, die Begriffe durch für Sie passendere zu ersetzen, Sie können auch die Reihenfolge ändern. So erklärte eine Teilnehmerin beispielsweise beim Erfahrungsaustausch, dass die Abfolge der Begriffe für Sie überhaupt nicht stimmig sei: Am Anfang müsste ganz eindeutig das Loslassen stehen – daraus

würden sich dann Ruhe und Frieden ergeben. Diese scheinbare Kritik an der »falschen« vorgegebenen Reihenfolge habe ich dankbar aufgenommen und die Teilnehmerin darin bestärkt, genau so zu praktizieren, wie es für sie passt.
Bei nachfolgenden Seminaren habe ich dieses Beispiel genutzt, um die Freiheit bezüglich der Reihenfolge zu illustrieren. Dabei erhielt ich dann von einem Teilnehmer die Rückmeldung, dass bei ihm »Ruhe« sehr gut gewirkt habe, dass aber bei der Wiederholung von »Frieden« bei ihm angesichts der kritischen Weltlage sehr starke innere Konflikte und Widerstände aufgetreten seien. Das »Loslassen« habe er dann geradezu als eine Erlösung erfahren. Für ihn sei diese Reihenfolge also sehr günstig gewesen. Diese beiden Beispiele zeigen anschaulich, wie individuell die Reaktionen auf die Begriffe ausfallen und welche inneren Prozesse während des Übens ausgelöst werden können.
Die Audio-Anleitung mit der geführten Meditation ist also als eine Art Prototyp zu verstehen. Die gewählten Begriffe und ihre Reihenfolge haben sich bewährt, sind jedoch nicht in Stein gemeißelt. Auch die Anzahl der Wiederholungen beziehungsweise die Zeit, die Sie für jeden Begriff verwenden, ist variabel. In der Anleitung lasse ich für jeden Begriff ungefähr die gleiche Zeit. Wenn Sie später selbstständig üben, entscheiden Sie selbst, wie oft beziehungsweise wie lange Sie einen Begriff wiederholen möchten, bevor Sie zum nächsten wechseln.
Sie können dann auch flexibel entscheiden, wie viele Begriffe Sie in den einzelnen Phasen überhaupt verwenden möchten, je nachdem, wie viel Zeit Ihnen zur Verfügung steht. Wenn beispielsweise der Begriff »Ruhe« sehr gut funktioniert, können Sie auch nur diesen einen Begriff verwenden und die anderen weglassen.
Durch wiederholtes Üben gelingt es nach einiger Zeit leichter und schneller, sich geistig auf die Begriffe einzustimmen

und sie körperlich zu spüren. Sie können dann bereits mit wenigen Atemzügen einen Zustand tiefer Ruhe in sich erfahren und zur nächsten Phase der Meditation fortschreiten.

Phase 2: Brustatmung – Öffnen, Annehmen, Liebe

Der Übergang zur zweiten Phase beginnt damit, dass Sie die Aufmerksamkeit vom Bauchraum nach oben in Richtung Brustraum verlagern. Atmen Sie etwas tiefer ein, um besser zu spüren, wie sich Ihr Brustkorb weitet. Viele Menschen atmen hauptsächlich mit dem Zwerchfell (Bauchatmung) und nutzen kaum die Brustatmung, sodass die Muskulatur zwischen den Rippen an Flexibilität einbüßt und beim Einatmen ein deutlicher Widerstand überwunden werden muss. Wenn Ihr Brustkorb sich starr und fest anfühlen sollte, dann können Sie Yoga-Übungen nutzen, um ihn zu dehnen, beweglicher zu machen und Raum für die Atmung zu schaffen (Ott, 2013; Ott & Epe, 2018).

Nehmen Sie als Nächstes ein paar tiefere Atemzüge, bei denen sich zunächst der Bauch weitet und dann auch der Brustkorb. Als Unterstützung der Wahrnehmung können Sie Ihre Hände auf Bauch und Brust oder seitlich auf die Flanken legen. Blasen Sie sich dabei aber nicht so stark auf wie einen Luftballon, der kurz vor dem Platzen steht. Gehen Sie von Ihrer normalen Atmung aus und stoßen Sie diese dann sanft an wie eine Schaukel, indem Sie schrittweise etwas tiefer und länger ausatmen und einatmen, ohne dass dies für Sie anstrengend wird.

Während der anschließenden Meditation mit den Begriffen ist es nicht erforderlich, das Einatmen so stark zu forcieren wie bei den gerade beschriebenen Atemzügen zu Beginn von Phase 2. Es genügt bereits eine kleine Bewegung im Brustraum, um die Aufmerksamkeit dort zu verankern. Wichtig ist, dass Sie den deutlichen Unterschied wahrnehmen, der dadurch entsteht, dass Sie die Aufmerksamkeit vom Bauch nach oben in die Brust und Herzregion verlagern.

Anders als in Phase 1 leite ich dazu an, die Begriffe in Phase 2 während des Einatmens zu wiederholen oder auf das Ein- und das Ausatmen zu verteilen. Warum das so ist, lässt sich anhand des ersten Begriffs verdeutlichen: »Öffnen«. Wenn Sie dieses Wort wiederholen, liegt es nahe, gleichzeitig einzuatmen, weil sich dabei der Brustkorb weitet und Sie diesen sozusagen »aufatmen«.

Das »Öffnen« bezieht sich gleichermaßen auf die Empfindungen beim Atmen im Brustraum und auf das Fühlen von Emotionen, die wir körperlich im Herzen lokalisieren. In der zweiten Phase der Meditation geht es also darum, dass Sie sich für das öffnen, was Sie in Ihrem Herzen fühlen.

Vielleicht sind Sie es nicht gewohnt, in sich hineinzulauschen und »auf das eigene Herz zu hören«. Wenn Sie mehr in Ihrem Kopf zu Hause, nüchtern und analytisch orientiert sind, wie das für Skeptiker und Skeptikerinnen typisch ist, dann wirkt diese Übung möglicherweise befremdlich auf Sie, weil Sie damit Neuland betreten. Lassen Sie sich überraschen und erweitern Sie Ihre Wahrnehmung nach innen. Was bewegt Ihr Herz? Welche Gefühle können Sie dort wahrnehmen?

Beginnen Sie bei der folgenden Übung mit dem Wort »Öffnen« und gehen Sie nach einigen Wiederholungen dann direkt zum Wort »Annehmen« weiter, um sich innerlich mit dem Gefühl zu verbinden und es so zu akzeptieren, wie Sie es in diesem Moment wahrnehmen.

Die beiden ersten Begriffe in Phase 2 der Meditation sagen nicht, dass Sie sich auf bestimmte Gefühlsqualitäten einstimmen sollen: Was auch immer Sie fühlen, wird schlicht so angenommen, wie es ist. Diese Haltung der Nichtbewertung und Akzeptanz ist ein wichtiger und heilsamer Aspekt von Achtsamkeitstrainings (Lindsay & Creswell, 2017). Das zweite Wort könnte eigentlich auch »Akzeptieren« lauten. Dagegen spricht jedoch der harte Klang der darin enthaltenen Konsonanten (k, p und t). Demgegenüber klingt »Annehmen« wesentlich weicher und »runder« bei der Wiederholung.

Das Annehmen der eigenen Gefühle geschieht aus einer mitfühlenden und liebevollen Haltung gegenüber sich selbst heraus. Mitgefühl und liebende Güte sich selbst und anderen gegenüber sind die Qualitäten, die in der zweiten Phase der Meditation im Mittelpunkt stehen. Allerdings lassen sich diese Gefühlsqualitäten nicht »auf Kommando« hervorrufen, insbesondere auch dann nicht, wenn momentan eventuell ganz andere Gefühle vorherrschend sind.

Daher ist der dritte Begriff »Liebe« ebenfalls lediglich als ein Vorschlag zu verstehen. Wenn Sie bei der Fokussierung auf Ihr Herz sofort das Bild eines geliebten Menschen vor sich sehen und Ihr Herz vor Liebe überläuft, dann kann das Wort durchaus passend sein. Oft sind es aber auch andere Gefühle, und dann besteht die Aufgabe darin, den Begriff zu finden, der das aktuelle Gefühl am besten wiedergibt. Aus diesem Grund biete ich in der Audio-Anleitung eine Reihe von Begriffen an: »Güte«, »Wohlwollen«, »Wärme«, »Freude«, »Trauer« etc. Sie können dann während der Meditation mit diesen Begriffen experimen

tieren und ausprobieren, was Ihren gegenwärtigen Gefühlszustand am besten beschreibt.
Beim Erfahrungsaustausch berichten die Teilnehmenden häufig, dass sie tatsächlich einen Begriff finden konnten, der wie ein Schlüssel ins Schloss passte und eine innere Resonanz erzeugte. Das können auch Gefühle sein, die manchmal als »negativ« bewertet werden, wie zum Beispiel das Gefühl von Schwere, Leere oder Traurigkeit nach dem Verlust eines nahestehenden Menschen. Verwenden Sie in diesem Fall dennoch den entsprechenden Begriff, denn dadurch verbinden Sie sich innerlich mit sich selbst, können Ihrem Gefühl eine Stimme geben, Ihrem Herzen Luft machen und sich innerlich klären.
Üben Sie die zweite Phase nun einmal vollständig mithilfe der Audio-Anleitung oder selbstständig und achten Sie darauf, dass Sie auch nach dem »Öffnen« und »Annehmen« nicht den Kontakt zu den Atemempfindungen in der Brust verlieren, wenn Sie nach dem richtigen Wort suchen, um Ihr Gefühl zu benennen. Sie können wiederum eine Handhaltung nutzen, um den Fokus auf Brustatmung und Herzregion zu unterstützen: Auflegen der Hände auf die Brust oder Zusammenlegen der Handflächen vor der Brust, wobei die Rückseiten der Daumen die Brustwand berühren.

Auch hier gilt wiederum, dass es keine feste Zeitvorgabe gibt, wenn Sie selbstständig üben. Wiederholen Sie die Begriffe jeweils so lange beziehungsweise so oft, wie Sie möchten. Entwickeln Sie ein Gefühl dafür, wann sich die volle Wirkung eines Begriffs entfaltet hat und Sie zum nächsten Schritt übergehen möchten.
Während der zweiten Phase praktizieren Sie eine weitere Technik aus den Top Ten: »Körper durchgehen, Emotionen

und Verspannungen wahrnehmen und lösen, zum Beispiel mithilfe des Atems«. Sie gehen zwar nicht den gesamten Körper durch, spüren aber in jene Region hinein, die in vielen Redewendungen mit intensiven Gefühlen in Verbindung gebracht wird: die Herzregion. Sie nehmen die Emotionen dort wahr und verbinden dies mit bewusstem Atmen, was zu einer verstärkten Wahrnehmung und Lösung von inneren Blockaden führen kann.

Mit etwas Übung können Sie die zweite Phase der Meditation auch dazu nutzen, Gefühlsqualitäten gezielt hervorzurufen, wie dies in einer weiteren Technik aus den Top Ten beschrieben wird: »Mitgefühl, Mitfreude, Gleichmut, liebende Güte kultivieren (für sich selbst, Freunde, neutrale Menschen, Feinde, die ganze Welt)«. Wenn Sie beispielsweise kein klares oder ein neutrales Gefühl in der Herzregion fühlen, dann können Sie bewusst eine Person auswählen, auf die Sie Ihre Aufmerksamkeit richten, um entweder die bestehenden Gefühle aufzurufen und zu vertiefen oder – im Fall negativer Gefühle – diese bewusst in eine positive Richtung zu verändern.

Falls Sie die Meditation nutzen möchten, um sich vor dem Unterrichten von Meditation und Yoga einzustimmen, dann empfehle ich, auch den Begriff »Demut« für das Üben zu nutzen. Lehrende sind für ihre Schülerinnen und Schüler da und nicht umgekehrt. Die Einstimmung auf Demut kann dabei helfen, sich diese Tatsache bewusst zu machen und dem Hochmut oder Überlegenheitsgefühl entgegenzuwirken, zu dem die Rolle der/des Lehrenden nur allzu leicht verleiten kann.

Die Klärung und das Kultivieren von emotionalen Qualitäten stehen im Mittelpunkt von Phase 2 und sind ein wichtiges Element der meditativen Schulung (siehe »Essenzielle Qualitäten« tiefer Meditation nach Piron in der Einführung).

Phase 3: Nasenatmung – Stille, Klarheit, ein Ganzes sein

Zu Beginn der dritten Phase der Meditation wandert die Aufmerksamkeit erneut nach oben und nimmt diesmal die Atemempfindungen im Naseneingang als Ankerpunkt. Hierbei handelt es sich wiederum um eine Technik der Top Ten: »auf Empfindungen achten, die beim Ein- und Ausatmen in der Nase entstehen«. Wenn Sie die Augen schließen und den Luftstrom in Ihren Nasenlöchern wahrnehmen, werden Sie bemerken, dass die Luft beim Einatmen kühler ist als beim Ausatmen (wenn Sie sich nicht gerade in einer Sauna aufhalten – dann wäre es genau umgekehrt). Folgen Sie eine Weile diesen Empfindungen und prüfen Sie, was Sie stärker spüren: den Luftstrom beim Einatmen oder beim Ausatmen? Und ist es nur eine Änderung der Temperatur oder können Sie auch eine Berührung durch den Luftstrom selbst wahrnehmen?

Wenn Sie diese Übung mit dem Achten auf die Empfindungen bei der Bauch- und der Brustatmung vergleichen, werden Sie bemerken, dass die Konzentration auf die Empfindungen in der Nase einen sehr viel engeren, ja fast punktuellen Fokus bewirkt. Außerdem ist die Nase sehr viel näher am Kopf und damit am beobachtenden Bewusstsein, das Sie in der Meditation schulen. Damit rücken in Phase 3 automatisch gedankliche Prozesse stärker in den Vordergrund der Wahrnehmung, während es in Phase 1 eher vegetative und in Phase 2 emotionale Prozesse waren.

Während Sie die Atemempfindungen in der Nase spüren, beginnen Sie wiederum mit der Wiederholung eines Wortes:

»Stille«. Und während Sie dieses Wort wiederholen, achten Sie darauf, dass wirklich nur dieses eine Wort Ihren geistigen Raum ganz ausfüllt und ansonsten wirklich Stille herrscht. Sie wiederholen nur das eine Wort »Stille« und lauschen in den Pausen auf die Stille in Ihnen. Wechseln Sie dann zum Wort »Klarheit«, sobald sich die Stille so weit wie möglich in Ihrem Bewusstsein ausgebreitet und vertieft hat.

Wenn Sie die starke Fokussierung bei dieser Meditation mit einer Handhaltung unterstützen möchten, dann bietet sich hierfür das Chin-Mudra an, bei dem die Spitzen von Daumen und Zeigefinger der beiden Hände zusammengeführt werden. Denn auch bei dieser Handhaltung wird die Aufmerksamkeit auf einen engen Fokus festgelegt (»auf den Punkt gebracht«).

Wenn das wiederholte Wort Ihren Geist ganz ausfüllt, werden alle Gedanken, mit denen wir normalerweise ausgefüllt sind und mit denen wir uns identifizieren, davon ersetzt. Anders als die Gedanken, die meist spontan auftreten, sind die Worte »Stille« und »Klarheit« von Ihnen bewusst gewählt und aktiv fokussiert. Sie sind sich dadurch nicht nur der Worte selbst bewusst, sondern auch der Tatsache, dass Sie diese aktiv wiederholen und Ihren Bewusstseinsraum damit ausfüllen. Dies fördert die Entwicklung von *Metabewusstheit:* Sie werden sich Ihres eigenen Bewusstseins bewusst, indem Sie während der Meditation auf diese Weise damit arbeiten.

Sobald Sie einen Zustand starker Fokussierung, innerer Stille und geistiger Klarheit erreicht haben, weiten Sie den Fokus der Aufmerksamkeit auf die gesamte Atmung aus und nehmen den Atem gleichzeitig in Bauch, Brust und Nase wahr (Top Ten: »auf Atemfluss im gesamten Körper ach-

ten«). Dies wird dadurch erleichtert, dass Sie kurz zuvor den Bauchraum und Brustraum bereits einzeln in den Fokus genommen hatten und diese lediglich ins Bewusstsein zurückgeholt werden.
Sie können dazu dem Atemstrom von der Nase aus nach unten folgen oder die Ausdehnung und das Zusammenziehen des gesamten Rumpfes beim Atmen spüren.
Begleiten Sie diese Ausdehnung Ihres Bewusstseins mit der Wiederholung des Ausdrucks »ein Ganzes sein«, einem der Sätze »Alles (in mir) ist eins« oder »Ich bin eins« oder dem Wort »Einssein«. Probieren Sie aus, ob eine dieser Formulierungen die Erfahrung der Ausweitung des Bewusstseins in Form der Verbindung von Bauch-, Herz- und Kopfraum zu einem als einheitliche Ganzheit erfahrenen, bewussten Innenraum treffend beschreibt.
Alternativ können Sie auch auf jegliche Beschreibung verzichten und sich ganz auf die Erfahrung der inneren Verbundenheit selbst ausrichten.

Verweilen Sie zum Abschluss der Meditation auf jeden Fall noch eine Weile in einem Zustand, der als offenes Gewahrsein bezeichnet wird. Das heißt, Sie wiederholen kein Mantra mehr und richten Ihre Aufmerksamkeit auf alles, was in Ihrem Bewusstsein auftaucht. Diese abschließende Meditation entspricht zwei Techniken der Top Ten: »beobachten, wie Gedanken im Geist entstehen, ohne daran zu haften« und »beobachten, wie Körperempfindungen entstehen, ohne daran zu haften«. Ganz gleich, ob es Körperempfindungen, Emotionen oder Gedanken sind, die als Bewusstseinsinhalte in Ihnen auftauchen – Sie betrachten sie und nehmen sie an, so wie sie sind, ohne sie zu bewerten oder ihnen weiter nachzugehen. Sie praktizieren damit offenes Gewahrsein.

Sie können diese Haltung der Offenheit dadurch unterstützen, dass Sie die Spitzen von Daumen und Zeigefingern lösen und die Hände geöffnet nach oben drehen.

●

Damit sind die technischen Erläuterungen zur Durchführung der drei Phasen der ersten Meditation abgeschlossen. Wenn Sie den Text bis zu diesem Punkt in einem Rutsch gelesen haben, ohne die Übungen zu praktizieren oder mit der Audio-Anleitung zu üben, sind eventuell nicht alle angesprochenen Aspekte ohne Weiteres nachvollziehbar. Meditation können Sie nicht erlernen, indem Sie lediglich in einem Buch darüber lesen. Die wichtigsten Einsichten und Lernfortschritte geschehen beim Üben selbst und bei der Reflexion der gemachten Erfahrungen.

Für das Üben mit der Audio-Anleitung brauchen Sie sich glücklicherweise nicht alles zu merken. Folgen Sie eine Weile einfach den Anweisungen und lesen Sie dann noch ein weiteres Mal die Erläuterungen zu den einzelnen Phasen. Mit dem gewonnenen Erfahrungshintergrund wird es Ihnen leichter fallen, die Erläuterungen zum Prozess der Meditation zu verstehen und die Methode an Ihre individuellen Bedürfnisse anzupassen.

Die vorgestellte Meditation verbindet Elemente aus vielen Techniken miteinander, die weit verbreitet sind, was dafür spricht, dass diese sich als wirksam erwiesen haben. Die Wiederholung von Begriffen in allen drei Phasen der Meditation soll Sie dabei unterstützen, das Abschweifen in Gedanken zu verhindern und die Aufmerksamkeit gezielt auszurichten. Als Ankerpunkt dienen die Atemempfindungen in drei verschiedenen Körperregionen. Das achtsame Wahrnehmen dieser Empfindungen hält Sie automatisch in der

Gegenwart und verhindert, dass Sie in die Vergangenheit oder Zukunft abdriften.

Die klare Struktur und Abfolge der Phasen bietet Ihnen eine Orientierung und lässt kaum Langeweile aufkommen: Sie müssen nicht für einen festen Zeitraum die immer gleiche Technik praktizieren. In jeder Phase, bei jedem Begriff, mit dem Sie üben, gibt es einen Punkt, an dem Sie selbst entscheiden, wann der jeweilige Zielzustand erreicht ist, keine weitere Vertiefung mehr eintritt und Sie daher zum nächsten Wort oder zur nächsten Phase weitergehen.

Die drei Phasen der Meditation können Sie jedoch auch als voneinander unabhängige Module ansehen. Normalerweise folgen diese in der vorgegebenen Reihenfolge nacheinander, Sie können jedes Modul aber natürlich auch für sich alleine praktizieren! Auf die Flexibilität innerhalb der Phasen und die Möglichkeit, Begriffe durch für Sie persönlich passendere zu ersetzen, hatte ich bereits hingewiesen.

Wenn Sie wiederholt mit denselben Begriffen üben, werden Sie schon bald deutliche Fortschritte bemerken: Die angestrebten Wirkungen treten schneller ein und es genügen bereits wenige Atemzüge, um tiefe Erfahrungen hervorzurufen. Tatsächlich lässt sich die gesamte Meditation als Kurzversion mit lediglich fünf Atemzügen praktizieren:

1. **Bauchatmung – »Ruhe«**
2. **Brustatmung – »Liebe«**
3. **Naseneingang – »Klarheit«**
4. **Drei Bereiche als Ganzes wahrnehmen – »Einssein«**
5. **(Reines) Bewusstsein – (ohne ein Wort zu wiederholen)**

Als Ergebnis dieser Übung sind Sie auf der körperlichen, vegetativen Ebene entspannt (Phase 1) und zugleich geistig hellwach und bewusst (Phase 3). Dies ist der Zielzustand, der bei dieser Technik (auf Platz 9 der Top Ten) beschrieben wird, allerdings ohne nähere Angaben dazu, wie dies genau realisiert wird: »im Liegen in einen Zustand tiefer Entspannung bei vollem Bewusstsein hineingehen«.

Die Technik auf Platz 1 der Top Ten ist der Body Scan: »den gesamten Körper mit der Aufmerksamkeit durchwandern«. In der hier vorgestellten Meditation wird nicht der gesamte Körper von den Zehen bis zum Scheitelpunkt mit der Aufmerksamkeit systematisch durchwandert – wenn Sie das probieren möchten, finden Sie auf der Website zum Buch *Meditation für Skeptiker* eine entsprechende Audio-Anleitung. Stattdessen wandert bei dieser Meditation der Fokus entlang der Längsachse nach oben und beschränkt sich auf drei Stationen: (1) Bauch, (2) Brust/Herz und (3) Naseneingang/Kopf. Diese drei Körperräume haben psychologisch einen hohen Stellenwert: Wir »hören« eher auf unser Bauchgefühl oder unser Herz als auf unsere Füße, Beine oder den Rücken. Allgemein wird in unserem Kulturkreis der Kopf als Sitz und Zentrum des Bewusstseins angesehen, in anderen Kulturen wird dagegen dem Bauch (Japanisch: *Hara*) oder dem Herzen (zum Beispiel im *Yoga-Sutra,* siehe Ott & Epe, 2018) eine zentrale Bedeutung für den psychischen Wesenskern eines Menschen zugeschrieben.

Die vorgestellte Meditation zielt darauf ab, diese drei Bereiche zu einem Bewusstseinsraum zu verbinden. Nach der Definition von Spiritualität von Bucher (siehe Einführung) geht es demnach um die vertikale Verbundenheit (nach unten) mit dem eigenen Selbst. Die Integration von im Bauch und Herzen wahrgenommenen Gefühlen in das Bewusstsein kann vor allem Menschen helfen, die sich als »verkopft« und abgetrennt von ihrem Körper erleben. Bei einer überbetonten Kontrolle durch den Verstand bleibt für spontane Impulse, die der Intuition folgen, oft nur noch sehr wenig Raum.

In meinen Seminaren zu Meditation mit psychotherapeutisch tätigen Menschen habe ich bereits mehrfach eine Übung eingesetzt, die ich Ihnen im folgenden Exkurs kurz vorstellen möchte.

Exkurs: Den Bauch entscheiden lassen

Die gängige Redewendung, in manchen Situationen lieber »nach dem Bauchgefühl« zu entscheiden, weist darauf hin, dass Empfindungen aus dem Bauchraum das Potenzial zugeschrieben wird, unsere Handlungen manchmal besser leiten zu können als nüchterne Analysen von Vor- und Nachteilen durch den Verstand. Die Kontrolle über unser Verhalten übernimmt allerdings – zumindest bei (»wohl«erzogenen) Erwachsenen – die meiste Zeit über die Vernunft und hält dabei spontane Impulse im Zaum. Das Verhältnis von Bauch und Kopf ist in dieser Konstellation also die von (lustbetontem) Impulsgeber und Kontrolleur. Meditationen, bei denen das bewusste Atmen und Körpergefühle im Mittelpunkt stehen, öffnen die Wahrnehmung für intuitive Bauchgefühle. Diese gesteigerte Bewusstheit kann in einer kleinen Übung genutzt werden, um zu beleuchten, wie sich unser Verhalten ändert, wenn wir diesen Intuitionen und Bauchgefühlen mehr Raum geben. Die schlichte Anweisung zu dieser Übung lautet: »Lassen Sie in der nächsten Stunde Ihren Bauch darüber entscheiden, was Sie tun. Der Bauch lenkt Ihre Schritte, und der Kopf folgt dem, was der Bauch möchte.« Wenn Sie möchten, legen Sie jetzt eine Pause ein und probieren Sie aus, zu welchen Ergebnissen diese Übung bei Ihnen führt.

Die Effekte dieser Übung, von denen die Teilnehmenden der Seminare oft mit sprühender Freude und großer Lebendigkeit berichteten, waren überaus bemerkenswert. Einige Teilnehmende waren dem lange gehegten Wunsch gefolgt, alte Freunde anzurufen, und waren ganz beseelt von dem Gespräch, das sie geführt hatten. Andere waren barfuß ins Meer gelaufen, hatten spontan eine kleine Einkaufstour unternommen, eine Ausstellung besucht oder sich erstmals erlaubt, die Süßigkeiten aus der Minibar in ihrem Hotelzimmer zu plündern. Obwohl es sich um psychotherapeutisch tätige Menschen handelte, die gewohnt sind, ihr eigenes Verhalten zu reflektieren, erlebten sie die Übung als enorme Bereicherung und spielerische Möglichkeit, die Steuerung des eigenen Verhaltens auch sonst im Alltag flexibler zu gestalten.

Welche Elemente der vorgestellten ersten Meditation sind für Sie und Ihre Zielsetzungen optimal? Die ernüchternde Antwort auf diese Frage lautet, dass die Wissenschaft das für eine bestimmte Person und Zielsetzung bis heute nicht sicher vorhersagen kann. Die in der Einführung vorgestellten Forschungsergebnisse basieren auf Mittelwerten von Gruppen. Es lassen sich also nur grobe Erwartungen und Empfehlungen formulieren, die im konkreten Einzelfall auch völlig danebenliegen können. Wer in die Meditation einsteigen möchte, steht also vor der Herausforderung, selbst herauszufinden, welche Technik ihr oder ihm am besten liegt und die gewünschten Resultate erbringt.

Eine erste Orientierung bietet die Liste der Top Ten: Techniken, die besonders weit verbreitet sind, werden vermutlich recht zuverlässig »funktionieren« und positive Wirkungen zeigen. Die gute Nachricht ist, dass Sie diese zehn Techniken nicht einzeln ausprobieren müssen. Die vorgestellte erste Meditation beinhaltet Elemente aus allen Techniken der Top Ten. Es handelt sich um eine Kombination bewährter Techniken, die Sie nach Belieben modifizieren und an Ihre persönlichen Bedürfnisse anpassen können.

Überblick über Meditation 1: Ruhe, Liebe, Klarheit

Phase 1:

- *Fokus:* Bauchatmung
- *Begriffe:* Ruhe, Frieden, Loslassen
- *Handhaltung:* Hände auf dem Bauch oder vor dem Bauch ineinandergelegt, Daumenspitzen berühren sich

Phase 2:

- *Fokus:* Brustatmung
- *Begriffe:* Öffnen, Annehmen, Gefühl im Herzen/Liebe, Güte, Wohlwollen, Wärme, Freude, Dankbarkeit, Demut, Trauer etc.
- *Handhaltung:* Hände auf der Brust oder vor der Brust gefaltet, Rückseite der Daumen berühren die Brust

Phase 3:

- *Fokus:* Atemempfindungen im Naseneingang
- *Begriffe:* Stille, Klarheit, ein Ganzes sein/Einssein etc.
- *Handhaltung:* Spitzen der Daumen und Zeigefinger beider Hände berühren sich

Abschluss:

- *Fokus:* weit gestellt, offenes Gewahrsein gegenüber allem, was auftaucht (Empfindungen, Gefühle, Gedanken)
- *Begriffe:* keine
- *Handhaltung:* Hände geöffnet, Handflächen nach oben

Die erste Meditation beinhaltet bekannte Techniken, die Ihnen den effektiven Einstieg in die Meditation ermöglichen sollen. Die beiden nachfolgenden Meditationen asieren dagegen nicht auf traditionellen Techniken, sondern haben sich aus meiner Forschungstätigkeit heraus entwickelt.

Meditation 2: Energieformen im Körper wahrnehmen

Die Beschäftigung mit »Energie« ist in unserem Alltag weit verbreitet. Wir informieren uns über die Energieeffizienz, wenn wir ein neues Haushaltsgerät oder Auto anschaffen. Wir prüfen regelmäßig, wie es um den Akkustand unseres Handys bestellt ist. Und wir sprechen auch davon, dass wir selbst nach einem langen, arbeitsreichen Tag keine Energie mehr für eine weitere Tätigkeit haben, wenn wir zu erschöpft und mit unseren körperlichen und/oder geistigen Kräften am Ende sind.

Wenn Meditierende in Interviews ihre Erfahrungen während oder nach der Meditation schildern, sprechen sie auch häufig davon, dass sie »Energien« wahrnehmen. Dabei geht es manchmal um ein allgemeines Gefühl, beispielsweise sich besonders »energiegeladen« zu fühlen. Meist sind es jedoch spezifische Empfindungen von Energien im Körper oder um den Körper herum, die als nicht alltäglich, sondern eher als außergewöhnlich wahrgenommen werden und fast ausschließlich im Zusammenhang mit intensiver Meditation auftreten.

Wenn meine Kolleginnen, Kollegen und ich in Interviews mit solchen Schilderungen konfrontiert werden, versuchen wir durch Nachfragen zu erreichen, dass die Befragten möglichst konkret beschreiben, um welche Art von Empfindung es sich handelt und wo genau diese auftritt: Wärme, Hitze oder ein Brennen? Muskuläre Spannungen, Zuckungen oder ein Vibrieren? Auch wenn sich das erlebte Phänomen dadurch manchmal klarer bestimmen lässt, bevorzugen viele der Befragten weiterhin den Energiebegriff, um ihre Erfahrung zu beschreiben, und beziehen sich manchmal dabei auf Konzepte »feinstofflicher Lebensenergien« *(Prana, Kundalini)* sowie von »Energiekanälen« *(Nadis)* und »Energiezentren« *(Chakren)* im Körper, die aus ihren Meditationstraditionen stammen.

Für die wissenschaftliche Forschung ist die Bezugnahme auf solche »feinstofflichen« Energien jedoch problematisch, weil bisher lediglich Vermutungen darüber existieren, um was es sich bei diesen Energien handeln könnte. Im Anschluss an diese zweite Meditation werde ich auf dieses Thema zurückkommen. Doch zunächst möchte ich Ihnen die Wahrnehmung von »Energien« im Körper anhand einer eigens dafür entwickelten Meditation näherbringen.

Ausgangspunkt für die Entwicklung dieser Meditation zum Thema »Energieformen im Körper« war die Frage, welche der bekannten physikalischen Energien denn unmittelbar von uns wahrgenommen werden können. Wäre es eventuell möglich, einige der Energiewahrnehmungen, von denen Meditierende berichten, damit zu erklären? Insbesondere Physiker (tatsächlich alle männlich), mit denen ich gelegentlich zusammenarbeite, haben eine ganz klare Vorstellung davon, was Energie ist und wie sie gemessen werden kann (Maßeinheit: Joule). Sie empfinden die Schilderungen von Meditierenden daher oft als unangenehm vage und schwammig.

Da ich selbst in der gymnasialen Oberstufe Physik als Leistungskurs gewählt hatte, kann ich diese Wertschätzung für exakt definierte Begriffe gut nachvollziehen und auch die

Vorbehalte, wenn diese Begriffe dann von »Laien« verwendet werden, um damit ihre Empfindungen zu benennen. Irgendwann kam dann der Punkt, an dem ich begann, darüber nachzudenken, wie genau die verschiedenen physikalischen Energieformen denn eigentlich auf subjektiver Ebene wahrgenommen werden.
In der nachfolgenden Meditation möchte ich Sie dazu einladen, Ihre Körperwahrnehmungen aus der Perspektive eines Physikers beziehungsweise einer Physikerin zu untersuchen. Es handelt sich sozusagen um eine »Meditation für Physiker und Physikerinnen«, eine Gruppe von Personen, die oft einer skeptischen Grundhaltung zugeneigt sind, gepaart mit einem Bedürfnis, den Dingen auf den Grund zu gehen. Lassen Sie uns nun also gemeinsam eine Betrachtung physikalischer Energieformen unternehmen, denen wir in der Meditation begegnen.

Phase 1: Mechanik – Masse, Schwere, Trägheit und Muskelkraft

Wie im Physikunterricht in der Schule beginnen wir mit den grundlegenden Phänomenen von Masse und Schwerkraft. Ihr Körper hat eine Masse, die Sie relativ einfach bestimmen können, indem Sie sich auf eine Personenwaage stellen. Das von ihr angezeigte Körpergewicht, gemessen in Kilogramm, wird anhand der Kraft bestimmt, die Ihr Körper auf die Waage ausübt. Und diese Kraft hängt davon ab, wo Sie sich befinden. Im Regelfall wird dies der Planet Erde sein. Durch die Erdanziehung *(Gravitation)* »kleben« wir sozusagen auf der Erdoberfläche.
Wenn Sie nun Ihre bevorzugte Sitzhaltung für die Meditation einnehmen und für einen Moment die Augen schließen,

können Sie sicherlich deutlich spüren, wo Ihr Körper die Sitzfläche berührt, weil dort aufgrund der Schwerkraft Druckempfindungen entstehen.

Bei einer sitzenden Haltung ist der Druck am deutlichsten am Gesäß zu spüren. Pendeln Sie nun einige Male mit dem Oberkörper weit nach links und rechts und beobachten Sie, wie sich dabei der Druck jeweils auf die linke und rechte Gesäßhälfte verlagert. Lassen Sie die Pendelbewegungen dann immer kleiner werden, bis Sie sich schließlich genau im Lot befinden, sodass der Druck sich gleich verteilt und Sie nur eine geringe Kraft aufwenden müssen, um den Körper in dieser Position zu halten.

Pendeln Sie anschließend mit dem Oberkörper in der gleichen Weise vor und zurück – zunächst deutlich und dann mit immer kleineren Pendelbewegungen, bis Sie auch hier den Punkt gefunden haben, an dem Sie weder nach hinten noch nach vorne kippen. Bleiben Sie dann eine Weile in dieser aufrechten Mittelposition und entspannen Sie sich, so gut Sie können. Richten Sie die Aufmerksamkeit dabei auf die Schwere Ihres Körpers. Wo können Sie diese überall wahrnehmen? Achten Sie auf die Körperstellen, die die Unterlage berühren, und auf das Gewicht Ihrer Arme und Beine.

Sie können diese Pendelübung des Oberkörpers stets zu Beginn einer Sitzmeditation wie ein kleines Ritual praktizieren, um sich auf die Meditation einzustimmen und eine aufrechte, entspannte Haltung einzunehmen. Die gleiche Pendelübung können Sie auch mit dem Kopf praktizieren. Gehen Sie beim Dehnen der Haltemuskulatur in Hals und Nacken aber bitte sehr behutsam vor. Finden Sie auch hier den Punkt, an dem Ihr Kopf genau in der Mitte auf dem Hals ruht.

Nehmen Sie nun zum Vergleich eine liegende Position ein und untersuchen Sie, wie sich die Wahrnehmungen von Druck und Schwere des Körpers gegenüber dem Sitzen verändern. Gemäß der Formel »Druck gleich Kraft pro Fläche« nimmt der Druck an den Kontaktpunkten mit der Unterlage ab, weil die Schwerkraft, die auf Ihren Körper wirkt, gleichbleibt, die Fläche jedoch zunimmt, auf die sich diese Kraft verteilt. Wo überall spüren Sie Druck? Richten Sie auch hier Ihren Körper symmetrisch aus und rollen Sie Ihren Kopf leicht nach links und rechts, bevor Sie ihn genau in der Mitte zur Ruhe kommen lassen.

Ich empfehle Ihnen, die geführte Meditation 2 in einer liegenden Position zu üben, weil dabei keine Haltemuskulatur beansprucht wird und Sie sich so leichter entspannen können.
Die Energieformen, mit denen wir es aus der Perspektive der Mechanik in Bezug auf unseren Körper im Alltag zu tun haben, sind die Energie der Lage *(potenzielle Energie)* und der Bewegung *(kinetische Energie)*. Wenn Sie Ihren Arm anheben, erhöht sich dessen potenzielle Energie. Wenn Sie sich in Bewegung setzen, erhöhen Sie die kinetische Energie. Für beide Formen der Energie müssen Sie typischer-

weise Muskelarbeit leisten. Sie können allerdings auch ohne viel Kraftaufwand Ihre Bewegungsenergie steigern, indem Sie irgendwo herunterspringen. Das geht dann jedoch auf Kosten der potenziellen Energie. Typische Beispiele für solche Formen der Energieumwandlung sind Kinder auf der Rutsche eines Spielplatzes oder beim Schlittenfahren an einem Hang.

Wie sieht es aber nun während der Meditation aus? Da Sie weitestgehend bewegungslos sitzen oder liegen, gibt es keine Veränderungen der potenziellen oder kinetischen Energie. Es wird nur wenig Muskelarbeit zum Atmen geleistet und um die Sitzhaltung aufrechtzuerhalten. Machen Sie einen kleinen Test, um die Schwerkraft deutlich zu spüren: Geben Sie etwas Kraft in Ihre beiden Arme, gerade so viel, dass Sie die Schwerkraft überwinden und die Arme beginnen sich abzuheben. Dann entspannen Sie die Arme wieder, lassen sie hängen beziehungsweise geben ihr Gewicht wieder ganz an die Unterlage ab. Wiederholen Sie diese Übung, falls Sie liegen, in der gleichen Weise auch mit dem Kopf und den Beinen (die Beine jeweils einzeln anheben).

Richten Sie Ihre Aufmerksamkeit anschließend nochmals auf die Empfindungen von Druck und Schwere in Ihrem Körper, während Sie diesen ganz loslassen und entspannen. Muskuläre Arbeit und die oben genannten Formen mechanischer Energie spielen bei der Meditation nur in Bezug auf das Einnehmen der Haltung eine Rolle. Die anschließende Bewegungslosigkeit während der Meditation führt dazu, dass die Rückmeldungen der Sensoren unseres Körpers stark abnehmen, die uns über seine Lage informieren und auf deren Grundlage wir unseren Körper als Objekt der physikalischen Welt erleben.

Nach einiger Zeit der Meditation werden Sie daher vielleicht nicht mehr sicher sein, ob Ihre Handflächen nach oben oder nach unten gedreht sind. Ohne Stimulation durch Bewegungen »verblassen« die neuronalen Repräsentationen unseres Körpers im Gehirn zusehends, die uns über seine Lage, Schwere und Druck informieren.

Betrachten Sie Ihren Körper in der ersten Phase dieser Meditation wie einen Stein, der lediglich passiv daliegt, ohne irgendetwas zu tun. Sie liegen (oder sitzen) da, fühlen das Gewicht Ihres Körpers und tun ansonsten nichts, außer da zu sein, wie jedes andere physische Objekt auch.

In Seminaren mit psychotherapeutisch tätigen Menschen setze ich diese Übung – »Ein Stein sein« – gerne ein, um in die Meditation einzuführen, weil sie sich sehr gut dazu eignet, die geistige Aktivität zu beruhigen, und überhöhten Ansprüchen, bei der Meditation »alles richtig zu machen«, entgegenwirken kann. Alle Teilnehmer wählen für diese Übung aus einer Sammlung von Steinen, die ich mitgebracht habe, den Stein aus, der ihnen am besten gefällt, und legen ihn vor sich auf den Boden. Dann besteht die Aufgabe darin, den Stein nachzuahmen und schlicht nur dazusitzen, ohne irgendetwas zu tun. Wenn Sie möchten, dann können Sie jetzt ein beliebiges Objekt auswählen, um diese Übung auch selbst auszuprobieren. Wie fühlt es sich an, ein Stein zu sein oder was auch immer Sie als Gegenstand ausgewählt haben?

Bei dieser Übung werden Sie feststellen, dass es einerseits sehr entlastend sein kann, lediglich da zu sein, ohne irgendetwas tun zu sollen oder zu müssen. Andererseits gelingt dieses Nichtstun dem Stein doch wesentlich besser, denn auch wenn Sie es schaffen, eine relative mentale Stille in sich einkehren zu lassen, bleibt doch weiterhin eine Aktivität erhalten, die Sie vom Stein unterscheidet: Sie atmen. Dies bringt uns zur zweiten Phase der Meditation und zu einer anderen Form von Energie, die wir in unserem Körper wahrnehmen.

Phase 2: Wärme, Stoffwechsel, Atmung, Herzschlag

In der zweiten Phase der Meditation richten Sie Ihre Aufmerksamkeit nun auf Ihren Körper und untersuchen, wo Sie überall Wärme fühlen können. Gehen Sie dazu die einzelnen Bereiche Ihres Körpers – Hände, Füße, Gesicht, Rücken, Bauchraum etc. – in beliebiger, spontaner Reihenfolge nacheinander durch: Wo fühlt sich Ihr Körper gerade besonders warm an oder auch kalt?

Anders als die unbelebten Objekte um Sie herum, die sich der Umgebungstemperatur angepasst haben, produzieren Sie aktiv Wärme, um eine Körpertemperatur von circa 37 Grad Celsius herzustellen. Diese Wärme können wir fühlen, weil wir über entsprechende Sensoren verfügen, die die Temperatur messen und den aktuellen Istzustand an das Gehirn weiterleiten. Bei einer markanten Abweichung vom Sollzustand werden dann Verhaltensweisen eingeleitet, die die Temperatur wieder in den angenehmen Bereich zurückführen sollen (zum Beispiel die Heizung hochdrehen oder sich mit einer Decke bedecken, wenn es zu kalt wird). Ansonsten fangen wir automatisch an zu schwitzen, wenn es uns zu heiß wird, oder die Muskeln beginnen zu zittern, wenn wir frieren.

Im Alltag bekommen wir normalerweise von der Wärmeregulation in unserem Körper relativ wenig mit, weil sie automatisch im Hintergrund abläuft. Durch die Hinwendung zum Körper während der Meditation lassen sich diese Prozesse deutlicher spüren. Wenn Sie sich entspannen, weiten sich beispielsweise die Blutgefäße, die bei Anspannung durch den Sympathikus verengt werden. Die Hände und Füße werden dadurch besser durchblutet, was mit einem angenehmen Wärmegefühl verbunden ist. Vielleicht können Sie auch im Bauchraum Wärme spüren? Das Blut, das die Leber verlässt, ist mit etwa 40 Grad Celsius deutlich wärmer als im übrigen Körper, weil die Leber sehr aktiv am Stoffwechsel beteiligt ist.

Die Wärme in Ihrem Körper entsteht durch Verbrennung. Alle Zellen sind am Stoffwechsel beteiligt und benötigen dafür unter anderem Stoffe mit hohem Energiegehalt (vor allem Zucker) und Sauerstoff. Die Verbrennung, die auf Zellebene stattfindet, können wir nicht direkt wahrnehmen, sondern lediglich ein allgemeines Gefühl von Wärme.
Die Wärme unseres eigenen Körpers und von den Körpern anderer Menschen empfinden wir meist als etwas Angenehmes. Sie ist ein Zeichen für Lebendigkeit und steht in starkem Kontrast zur Kälte eines Leichnams. Wenn wir feststellen möchten, ob ein Mensch lebt, prüfen wir Körpertemperatur, Atmung und Puls.
Wärme, Atembewegungen, das Schlagen des Herzens und das Pulsieren des Blutes in unseren Adern sind die Basis für unser Gefühl, ein lebendiger Organismus zu sein. Während der Meditation kann dieses Gefühl stärker in den Vordergrund treten, insbesondere, wenn wir auf den Atem achten. Spüren Sie für einige Atemzüge, wie die Atemluft in die

Lunge einströmt, und stellen Sie sich vor, wie dort der Sauerstoff in das Blut aufgenommen wird, um dann über die Arterien bis in den letzten Winkel Ihres Körpers transportiert zu werden.

Während in Phase 1 der Meditation der Körper wie ein fester Gegenstand mit definierter Masse und Schwere betrachtet wurde, rückt in Phase 2 mit der Betrachtung von Wärme, der Atmung und dem Blutkreislauf die Tatsache stärker in den Fokus, dass wir kein Stein, sondern ein lebendiger Organismus sind, der zu über 60 Prozent aus Wasser besteht. Wir sind also eigentlich mehr flüssig als fest! Und die Flüssigkeiten in unserem Körper, vor allem natürlich das Blut, sind in ständiger Bewegung. Das Strömen im Innern des Körpers, das Pulsieren des Blutes im Herz, in der Bauchschlagader und dem gesamten Körper kann während der Meditation deutlich besser wahrgenommen werden als im Alltag, weil wir nicht durch äußere Reize abgelenkt werden. Nehmen Sie sich noch einmal ein paar Minuten Zeit, um zu untersuchen, wo Sie im Körper ein Strömen und Pulsieren wahrnehmen können. Beziehen Sie dabei auch den Verdauungstrakt ein, in dem aus der Nahrung die Energie für den Weitertransport über das Blut zu den Zellen gewonnen wird.

Gefühle von Schwere und Wärme sind ein typisches Kennzeichen für Meditation und spielen auch in den Formeln des Autogenen Trainings eine prominente Rolle. Nach der ersten Formel – der Ruhetönung – geht es in allen weiteren Formeln der Grundstufe des Autogenen Trainings um Empfindungen, die auch in der zweiten Phase dieser Meditation im Mittelpunkt stehen:

1. Ich bin ganz ruhig – Ruhe.
2. Der rechte (linke) Arm ist schwer – Schwere.
3. Der rechte (linke) Arm ist warm – Wärme.
4. Die Atmung ist ruhig - Es atmet mich.
5. Das Herz schlägt ruhig und gleichmäßig.
6. Das Sonnengeflecht (der Leib) ist strömend warm.
7. Die Stirn ist angenehm kühl.

Einige der Energien, von denen Meditierende berichten, hängen möglicherweise mit einer gesteigerten Wahrnehmung von internen Stoffwechselprozessen zusammen und mit Empfindungen, die durch die Entspannungsreaktion im Körper ausgelöst werden.
Machen Sie sich bewusst, dass die Moleküle, aus denen Ihr Körper besteht, durch den Stoffwechsel ständig ausgetauscht werden. Die Energie, die Sie über die Nahrung aufnehmen, wird nicht nur in Muskelkraft und Wärme transformiert, sondern auch in weitere Energieformen.
In dieser Meditation gehen wir nun einen Schritt weiter und nehmen die nächste Form physikalischer Energie in den Blick, die in unserem Körper allgegenwärtig ist.

Phase 3: Elektrizität, Spannungen, Ströme, Nervenimpulse

Jede Zelle im Körper weist ein elektrisches Potenzial auf, das zwischen –50 und –100 mV liegt (mV = Tausendstel Volt; gemessen in Bezug auf das Innere der Zelle, also außen negativ). Bei Nervenzellen liegt das Ruhepotenzial bei circa –70 mV. Interessanterweise können wir die Tatsache, dass die Zellen, aus denen wir bestehen, aktiv elektrische Spannungen produzieren (Stichwort: Natrium-Kalium-Pumpe), nicht direkt wahrnehmen. Unser Körper fühlt sich normalerweise nicht an wie eine gigantische Ansammlung winzig kleiner elektrischer Spannungsgeneratoren!

Wenn Sie jetzt für einige Atemzüge die Augen schließen und in Ihren Körper hineinspüren – fühlt sich da irgendetwas »elektrisch« an?

In den beiden ersten Phasen dieser Meditation hatten wir typische Empfindungen von Druck, Schwere, Wärme, Atmung und dem pulsierenden Blutstrom untersucht. Das war für Sie vermutlich recht einfach und gut nachvollziehbar. Bei der Elektrizität ist das anders. Wir haben zwar Sensoren für Druck oder Temperatur, aber was ist mit elektrischen Spannungen und Strömen? Warum spüren wir diese nicht in unserem Körper?

Der springende Punkt ist: Wir spüren unseren Körper *mithilfe* elektrischer Spannungen! Ohne die elektrischen Impulse, die unsere Nervenzellen von der Peripherie an das Gehirn weiterleiten, könnten wir gar nichts spüren.

Alle Empfindungen, die wir in unserem Körper spüren, beruhen darauf, dass spezielle sensorische Zellen physikalische Phänomene wie Druck und Temperatur in elektrische Impulse umwandeln. Das gilt natürlich auch für das Sehen, Hören, Riechen und Schmecken, wo jeweils spezialisierte Zellen dazu in der Lage sind, Licht verschiedener Wellenlängen, Schallwellen und Reaktionen auf chemische Substanzen in Nervenimpulse umzuwandeln. Jede bewusste Wahrnehmung basiert letztlich auf Nervenimpulsen: Wir fühlen uns selbst mithilfe des Nervensystems, das unseren

Körper durchzieht – aber dieses System von Nervenbahnen selbst und die elektrischen Impulse, die sie übertragen, spüren wir nicht. Normalerweise.

Bei Meditierenden mit einer intensiven Praxis scheint sich dies zu ändern. In Berichten über besondere Erfahrungen während der Meditation ist manchmal davon die Rede, dass es sich so anfühle, als würden elektrische Ströme durch den Körper fließen, beispielsweise im Innern der Wirbelsäule, in der sich das Rückenmark befindet. Später werde ich noch auf weitere Phänomene eingehen, die auf eine Beeinflussung der Funktionen des Nervensystems durch intensive Meditation hindeuten.

Spüren Sie jetzt noch ein weiteres Mal in Ihren Körper hinein und machen Sie sich dabei klar, dass dieses Spüren auf den feinen Nervenfasern beruht, die Ihren ganzen Körper bis hinunter zu den Zehen durchziehen. Richten Sie Ihre Aufmerksamkeit dabei nicht darauf, was Sie spüren, sondern auf das Spüren an sich und die Wahrnehmung Ihres gesamten Körpers als eines von sensiblen Fasern durchzogenen fühlbaren Raumes.

Wenn Sie auf diese Weise in Ihren Körper »hineinschauen«, basiert alles, was Sie an Empfindungen wahrnehmen, auf den erwähnten Sensoren, die physikalische Reize in elektrische Impulse umwandeln, und auf den Nerven, die diese Impulse zum Gehirn weiterleiten. Dort laufen alle elektrischen Impulse in Repräsentationen des Körpers zusammen. Allerdings spüren Sie die Empfindungen nicht als elektrische Impulsmuster in Ihrem Gehirn, sondern als Empfindungen irgendwo in Ihrem Körper. Wie aus elektrischen Impulsmustern subjektive Empfindungsqualitäten entstehen, ist bis heute nicht geklärt und wird als »hartes Pro-

blem« der Hirnforschung bezeichnet. Dass zwischen Aktivierungsmustern im Gehirn und dem, was wir erleben, ein sehr enger Zusammenhang besteht, konnte jedoch in unzähligen Studien immer wieder gezeigt werden.
Wenn Nervenimpulse aus dem Körper oder von den Sinnesorganen das Gehirn erreichen, führen sie dort allerdings nicht immer zu bewussten Wahrnehmungen: Es kommt auch auf die Zuwendung von Aufmerksamkeit und auf den Bewusstseinszustand an, in dem sich ein Mensch befindet. Im Wachzustand nehmen Sie das bewusst wahr, worauf Sie Ihre Aufmerksamkeit lenken oder was als Reiz so intensiv und bedeutsam ist, dass es automatisch die Aufmerksamkeit auf sich zieht (zum Beispiel ein lautes Geräusch oder ein stechender Schmerz). In solchen Fällen verändern sich schlagartig die elektrischen Hirnwellen, was uns zur nächsten Energieform führt, die wir in der letzten Phase dieser Meditation erkunden.

Phase 4: Elektrische Hirnwellen, elektromagnetische Felder

In Ihrem Körper sind nicht nur elektrische Spannungen und Ströme allgegenwärtig: Durch die synchrone, rhythmische Aktivität sehr vieler Nervenzellen im Gehirn entstehen elektromagnetische Felder, die mit Elektroden auf der Kopfhaut *(Elektroenzephalografie, EEG)* und mit sehr empfindlichen Magnetsensoren auch berührungslos gemessen werden können *(Magnetenzephalografie, MEG)*.
Ihr Gehirn erzeugt ein elektromagnetisches Feld, das bei einem Ruhezustand mit geschlossenen Augen normalerweise eine Frequenz von ungefähr 10 Hz aufweist (Alpha-Frequenzband, 8 bis 12 Hz). Im Tiefschlaf herrschen langsame-

re Delta-Wellen vor (1 bis 4 Hz). Wenn Sie aus einem entspannten Wachzustand aufschrecken und die Augen öffnen, werden die Alpha-Wellen blockiert und es treten schnellere Beta- und Gamma-Wellen auf (13 bis 30 Hz beziehungsweise über 30 Hz).

Spüren Sie irgendetwas davon, dass Ihr Gehirn elektromagnetische Wellen verschiedener Frequenzen erzeugt? Machen Sie einen kleinen Test, bei dem Sie die Augen schließen. Nehmen Sie dann ein paar tiefe, lange Atemzüge, um Ihren Geist zur Ruhe kommen zu lassen. Je weniger Sie denken und angespannt sind, umso eher werden sich Alpha-Wellen einstellen, ausbreiten und vergrößern. Spüren Sie in Ihren Kopf hinein, ob Sie dort irgendetwas Rhythmisches wahrnehmen können. Oder spüren Sie vielleicht sogar eine Art Energiefeld um Ihren Kopf herum? Wenn Sie diesen Test machen möchten, dann verschieben Sie das nicht auf später, sondern machen Sie den Test bitte jetzt gleich, bevor Sie mit dem Lesen fortfahren.

Es ist gut möglich und sogar wahrscheinlich, dass Sie bei diesem Test nichts von den elektrischen Hirnwellen wahrnehmen konnten, die Ihr Hirn produziert. Oder wenn Sie etwas gespürt haben, sind Sie sich vielleicht unsicher, ob Sie sich das nur eingebildet haben, weil Sie so intensiv darauf geachtet haben. Auch das ist gut möglich und durchaus wahrscheinlich. Ebenso wie bei den elektrischen Impulsen in den Nerven, die Empfindungen aus dem Körper an das Gehirn weiterleiten, nehmen wir das elektromagnetische Feld im Gehirn, das durch diese Impulse beeinflusst wird, nicht als solches wahr. Normalerweise.

Menschen, die sehr intensiv meditieren, berichten davon, dass sie manchmal Energiefelder im Körper und im Bereich des Kopfes wahrnehmen, obwohl sie das gar nicht erwartet und besonders darauf geachtet haben. Das kann sich wie ein Energiefeld anfühlen, das den ganzen Kopf umgibt, oder wie ein Energiewirbel, der sich auf der Mitte der Stirn oder am Scheitelpunkt des Kopfes bildet. Dies kann so weit gehen, dass sogar ein Leuchten um den Kopf herum wahrgenommen wird, wie dies in vielen Kulturen in Form eines »Heiligenscheins«, der den Kopf erleuchteter Menschen umgibt, dargestellt wird.

Handelt es sich hierbei lediglich um Einbildungen oder um Produkte einer lebhaften Fantasie? Aufgrund der Verbreitung solcher Darstellungen, der Berichte vieler Meditierender und meiner eigenen Erfahrungen halte ich dies für unplausibel. Es erscheint mir sehr viel wahrscheinlicher, dass durch die Übung in Meditation einerseits die Wahrnehmung für subtile innere Prozesse verfeinert wird und andererseits Zustände einer besonders starken Synchronisierung von Hirnwellen auftreten können, die diesen ungewöhnlichen Wahrnehmungen zugrunde liegen.

Relativ häufig berichten Teilnehmende von Seminaren zum Beispiel davon, dass sie in Zuständen tiefer Meditation wellenartige Lichtmuster oder verschiedene Farben sehen, die bei geschlossenen Augen das ganze Sehfeld ausfüllen. Dies spricht dafür, dass die entsprechenden visuellen Hirnareale durch Erregungsmuster stimuliert werden, die innerlich erzeugt werden. Hierbei würden die elektromagnetischen Felder nicht direkt wahrgenommen, sondern deren Effekte auf sensorische oder motorische Hirnareale, die zu Wahrnehmungen in den jeweiligen Modalitäten (Sehen, Hören etc.) führen oder auch motorische Reaktionen auslösen können.

Durch den Reizentzug *(sensorische Deprivation)* und die intensive Konzentration während der Meditation selbst generierte Erregungsmuster im Nervensystem könnten auch einigen der Phänomene zugrunde liegen, die laut Hofmann

(2017) als charakteristisch für ein »Erwachen« der Kundalini angesehen werden (S. 218f):

- **somatosensorisch:** »kribbelnde, prickelnde, krabbelnde, wirbelnde oder vibrierende« Empfindungen im Innern des Körpers oder auf der Haut;
- **vegetativ:** beschleunigter Puls und Herzrhythmusstörungen, Hitze- und Kälteschübe;
- **Motorik:** unwillkürlich auftretende Bewegungsmuster; Zuckungen, Schütteln, Rotieren; Einnehmen ungewöhnlicher Körperhaltungen;
- **Wahrnehmung:** Halluzinationen, meist akustisch und optisch, von einfachen Tönen, Farbmustern und Formen bis hin zu komplexen Szenen.

Sollten Sie selbst im Laufe Ihrer Praxis die letztgenannten Erfahrungen machen, brauchen Sie sich davon nicht beunruhigen zu lassen. Swami Vivekananda beschreibt in seinem Buch *Raja-Yoga* (z.B. Vivekananda, 2011) akustische und optische Halluzinationen als typische Effekte meditativer Konzentration und ein Zeichen für Fortschritt in der Praxis: »Wer mit Ausdauer übt, wird viele andere Zeichen erleben. Oft werden Klänge, wie fernes Geläut von Glocken, hörbar sein, die sich vermischen und als ein einziger, ununterbrochener Ton im Ohr verklingen. Zuweilen werden Dinge sichtbar werden: kleine schwimmende Lichtpünktchen, die immer größer werden. Wenn dies geschieht, können sie rascher Fortschritte gewiss sein.« (S. 55)
Aufgrund der vorliegenden umfangreichen Fallsammlungen (z.B. Greenwell, 2000; Sannella, 1994; White, 1990; Überblick in Hofmann, 2017) kann das Auftreten derartiger Erfahrungen als gesichert gelten, wohingegen das angenommene »feinstoffliche« Energiesystem, das Kundalini-Phänomenen zugrunde liegen soll, bisher wissenschaftlich nicht anerkannt

ist. Versuche, die Chakren mit bestimmten Drüsen oder Nervengeflechten in Verbindung zu bringen und ihre Aktivierung über die Messungen von elektrischen Strömen und elektromagnetischen Feldern zugänglich zu machen, sind bisher nicht überzeugend (siehe beispielsweise Motoyama, 2003).
Ein neuerer Ansatz von Loizzo (2016), der in den Annalen der New Yorker Akademie der Wissenschaften veröffentlicht wurde, ordnet die insgesamt sieben Chakren, die er beschreibt, verschiedenen Teilen des Gehirns zu. Auch dieser Versuch, Korrespondenzen zwischen anatomischen Hirnstrukturen und dem »feinstofflichen« Energiesystem herzustellen, beruht jedoch im Wesentlichen auf vagen Analogien und verkennt die ursprüngliche Funktion der Chakren im Rahmen der meditativen Praxis mit Mantren (siehe dazu die berechtigte Kritik an der vorherrschenden westlichen Konzeption von Chakren von Wallis, 2016).

Mit der zweiten Meditation in diesem Buch werden Sie dazu angeleitet, genauer darauf zu achten, welche Empfindungen Sie in der Meditation in Ihrem Körper spüren, wenn dieser aufgrund der Bewegungslosigkeit nur noch wenige der sonst üblichen Rückmeldungen an das Gehirn liefert. Nutzen Sie diese Meditation, um ein Gespür für subtile Empfindungen zu entwickeln, die nach heutigem Kenntnisstand in einem engen Zusammenhang mit der elektrischen Aktivität der Nervenzellen in Ihrem Körper und Gehirn stehen.
Ungewöhnliche »Energie«-Erfahrungen von Meditierenden weisen darauf hin, dass Meditation das Nervensystem stark beeinflussen kann. Es bedarf weiterer Studien, um zu klären, ob solche ungewöhnlichen Erfahrungen eventuell mit der beobachteten Zunahme synchronisierter, schneller Aktivität im Gehirn bei fortgeschrittenen Meditierenden verbunden sind (siehe dazu auch die in der Einführung erwähnten Studien zur Zunahme der Gamma-Aktivität im EEG).

Überblick über Meditation 2: Energieformen im Körper wahrnehmen

Phase 1: Mechanik

- *Einstieg:* Pendelübungen, Körperteile anheben, wie ein Stein sein
- *Fokus:* Druckempfindungen, Schwere, Gewicht, Festigkeit

Phase 2: Wärme

- *Fokus:* Empfindungen von Wärme und Kälte, Strömen der Atemluft und Pulsieren des Blutes, flüssig sein

Phase 3: Elektrische Ströme

- *Fokus:* sich der sensiblen Nervenfasern, die den ganzen Körper durchziehen, bewusst sein

Phase 4: Elektrische Felder

- *Fokus:* elektrische Hirnwellen, Energiewirbel im Kopfbereich, Licht- und Farbwahrnehmungen

Meditation 3: Dimensionen und Zentrum des Bewusstseins

Die dritte und letzte Meditation, die ich Ihnen vorstellen möchte, beschäftigt sich mit grundlegenden Dimensionen unseres Erlebens: mit dem Raum-, dem Zeit- und dem Ichbewusstsein. Das Besondere an dieser Meditation ist, dass diese Dimensionen nicht abstrakt betrachtet, sondern in einen direkten Bezug zum Körper gesetzt werden. Die Zuordnung der genannten Dimensionen zu den drei Körperachsen ist dabei wie folgt:

1. Raum: linke und rechte Körperhälfte
2. Zeit: Rückseite und Vorderseite des Körpers
3. Ichbewusstsein: von unten nach oben

Eine Begründung für diese Zuordnung werde ich Ihnen im Lauf der Meditation geben. Diese Meditation ist ebenso wie die vorherigen in mehrere Phasen unterteilt, die jeweils einer Dimension gewidmet sind. Bevor Sie die weiteren Erklärungen lesen, empfehle ich Ihnen, zunächst die geführte Meditation mindestens einmal anzuhören und gemäß der Anleitung zu praktizieren, und zwar bevorzugt in einer liegenden Haltung, wenn Sie keine Probleme mit dem Einschlafen haben. Sie werden die nachfolgenden Erläuterungen dann besser nachvollziehen und direkt zu Ihren eigenen Erfahrungen in Beziehung setzen können. Wenn Sie jetzt unmittelbar mit dem Lesen fortfahren, werden einige der nachfolgenden Schilderungen der Erlebnisse von Teilnehmenden eventuell Erwartungen in Ihnen wecken, die Ihre Erfahrungen beeinflussen. Machen Sie also jetzt bitte zunächst eine Lesepause und probieren Sie aus, wie die Meditation auf Sie wirkt, falls Sie das nicht bereits getan haben.

Alle drei Phasen der Meditation beginnen damit, den Körper wahrzunehmen. Anders als beim klassischen Body Scan wandert die Aufmerksamkeit jedoch nicht nur entlang der Längsachse von den Zehenspitzen bis zum Scheitelpunkt (unten/oben), sondern wir betrachten auch die beiden anderen Achsen des Körpers (links/rechts, hinten/vorne) und beginnen damit, die linke und rechte Körperhälfte einzeln zu fokussieren.

Phase 1: Dimension des Raumes – linke und rechte Körperhälfte und Mittelachse

Achten Sie beim Einnehmen der Körperhaltung bitte ganz besonders darauf, dass Sie vollkommen symmetrisch daliegen (empfohlen) oder sitzen. Im Sitzen können Sie dazu die Pendelübungen verwenden, die im Kapitel »Übungen zum Einstieg« beschrieben werden, im Liegen sollten die Arme sich gleich weit vom Körper entfernt befinden und der Kopf genau in der Mittelposition ruhen.

Der erste Schritt von Phase 1 besteht nun darin, die gesamte Aufmerksamkeit auf die linke Hälfte des Körpers zu richten. Spüren Sie Ihre linke Hand, dann Ihren linken Arm, vom Handgelenk bis hinauf zur Schulter. Spüren Sie das Gewicht, die Berührungen der Haut und wie warm sich Hand und Arm anfühlen. Gehen Sie dann in der gleichen Weise vom linken Fuß langsam den Unterschenkel bis zum Knie hinauf und weiter bis zum Gesäß und Becken. Fühlen Sie die linke Seite des Bauches, Ihre linke Brust und wandern Sie weiter den Hals hinauf bis zum Gesicht. Auch hier fokussieren Sie jeweils die linke Wange, das linke Nasenloch, linkes Ohr, Auge, Augenbraue und Stirn. Wenn Sie in dieser Weise alle Bereiche der linken Körperhälfte mit Ihrer Aufmerksamkeit – wie mit dem Lichtstrahl einer Taschenlampe – abgetastet haben, dann nehmen Sie nochmals die linke Körperhälfte als Ganzes in den Blick. Wie fühlt sich die linke Seite Ihres Körpers an?

Spüren Sie dann, ausgehend von der Bewusstheit Ihrer linken Körperhälfte, in den Raum hinein, der sich links von Ihnen befindet: Sie lauschen nach links und öffnen sich allem, was sich links von Ihnen befindet, so als würden Sie all Ihre »Fühler« in den Raum hinaus ausstrecken. Zunächst richten Sie Ihre Aufmerksamkeit auf den Nahbereich, dann weiter in den gesamten Raum hinein, der sich links von Ihnen nach vorne, zur Seite und nach hinten aufspannt. Machen Sie sich die Hälfte der Außenwelt bewusst, die sich links von Ihnen befindet. Dehnen Sie diese Bewusstheit so weit in die Ferne aus, wie Ihnen dies möglich ist. Erschaffen Sie dabei aber nicht alleine räumliche Vorstellungsbilder, sondern behalten Sie zugleich Ihre linke Körperhälfte im Bewusstsein und verbinden Sie das Außen und das Spüren Ihres Körpers zu einer Gesamtheit von allem, was links ist.

Wenn der Punkt erreicht ist, an dem Sie eine maximale Intensität der linksseitigen Ausrichtung Ihrer Bewusstheit verwirklicht haben, dann schwenken Sie mit der Aufmerksamkeit komplett auf die rechte Seite. Dies kann in der Innenwahrnehmung als eine recht dramatische Wendung erfahren werden, die möglicherweise nicht sofort vollständig gelingt, weil die linke Seite nach der intensiven Fokussierung noch etwas »nachhängt«.

Beginnen Sie am besten mit der rechten Hand – Sie erinnern sich an die herausragende Rolle der Hände als »Magneten« der Aufmerksamkeit? Und wandern Sie dann – mit ungefähr der gleichen Geschwindigkeit wie zuvor – den rechten Arm hinauf zur Schulter, wobei Sie sich alle möglichen Empfindungen bewusst machen (Druck/Gewicht, Berührungen, Temperatur). Dann folgt der rechtsseitige Body Scan vom Fuß über Knie, Gesäß, Becken, Bauch und Brust bis hinauf zum Kopf, wo Sie wiederum die oben genannten Gesichtspartien, rechtes Ohr und rechtes Auge einzeln in den

Fokus der Aufmerksamkeit nehmen. Nehmen Sie am Ende nochmals die rechte Körperhälfte als Ganzes wahr: Wie fühlt sich die rechte Seite Ihres Körpers an?

Spüren Sie dann, ausgehend von der Bewusstheit Ihrer rechten Körperhälfte, in den Raum hinein, der sich rechts von Ihnen erstreckt: Sie lauschen nach rechts und öffnen sich allem, was sich rechts von Ihnen befindet, so als würden Sie Ihre »Fühler« in den Raum hinaus ausstrecken. Zunächst richten Sie Ihre Aufmerksamkeit auf den Nahbereich, dann weiter in den gesamten Raum hinein, der sich rechts von Ihnen nach vorne, zur Seite und nach hinten aufspannt. Machen Sie sich die Hälfte der Außenwelt bewusst, die sich rechts von Ihnen befindet. Und dehnen Sie diese Bewusstheit so weit in die Ferne aus, wie Ihnen dies möglich ist. Erschaffen Sie dabei aber nicht alleine räumliche Vorstellungsbilder, sondern behalten Sie zugleich Ihre rechte Körperhälfte im Bewusstsein und verbinden Sie das Außen und das Spüren Ihres Körpers zu einer Gesamtheit von allem, was rechts ist.

Wenn der Punkt erreicht ist, wo Sie die maximale Intensität der rechtsseitigen Ausrichtung Ihrer Bewusstheit erreicht haben, dann weiten Sie Ihre Aufmerksamkeit auf beide Seiten aus. Nehmen Sie Ihre linke und rechte Seite gleichzeitig wahr. Richten Sie Ihre Aufmerksamkeit auf Ihren gesamten Körper. Fühlen sich beide Körperhälften gleich an?

Als Nächstes richten Sie Ihre volle Aufmerksamkeit auf Ihre Mitte: Wo in Ihrem Körper verbinden sich die linke und die rechte Hälfte zu einem Ganzen? Gehen Sie von unten nach oben entlang der Mittellinie hinauf, vom Damm und den Genitalien über den Nabel, das Brustbein und die Kehle bis hinauf zur Nasenspitze, der Mitte der Stirn und dem Scheitelpunkt. Wie breit ist Ihre Mitte? Ist es nur eine dünne Trennfläche, an der sich die beiden Seiten spiegeln? Oder ist der Übergang ein breiter Streifen? Wie fühlt sich Ihre Mitte an und das Gefühl, nicht nur aus zwei voneinander getrennten, sondern stark miteinander verbundenen Hälften zu bestehen, die eine Gesamtheit mit einer inneren Mitte bilden?

Wie haben Sie Ihre Körperhälften und Ihre Mitte erfahren? Es kommt vor, dass Teilnehmende beim Erfahrungsaustausch über diese Übung sehr erstaunt davon berichten, dass sich ihre linke und rechte Körperhälfte völlig unterschiedlich anfühlten. Eine Körperhälfte kann sich beispielsweise sehr kompakt und verbunden anfühlen, wohingegen die andere sich wie zerstückelt, wie die in Brösel zerfallene Hälfte eines Lebkuchenmanns beziehungsweise einer Lebkuchenfrau anfühlt. Und es braucht dann eventuell einige Zeit, um die einzelnen Teile zusammenzufügen.
Andere Teilnehmende beschrieben ihre Erfahrung so, dass ihnen ihre Körperhälften unterschiedlich groß erschienen oder in der Mitte nicht richtig zusammenpassten, sondern wie gegeneinander verschoben zu sein schienen. Wenn die beiden Hälften am Ende zusammen wahrgenommen werden und die Aufmerksamkeit auf die verbindende Mitte gerichtet wird, ist dies oft mit einem sehr angenehmen, positiven Gefühl verbunden: Nach der starken Verschiebung zu den extremen räumlichen Polen auf der linken und rechten

Seite wird die Mitte des Körpers dann als etwas Verbindendes, Ausgewogenes, Zentrierendes erfahren, das sich über die gesamte Längsachse erstreckt und eine eigene räumliche Ausdehnung in die Breite hat.
Wenn Sie selbst ungewöhnliche Wahrnehmungen in Bezug auf Ihre Körperhälften oder Ihre Mitte machen, dann können Sie diese notieren, um zu prüfen, wie sich Ihre Wahrnehmungen im Verlauf des Übens verändern.
Ziel dieser ersten Phase ist es, ähnlich wie bei den Pendelübungen beim Einnehmen der Sitzhaltung, sich auf einer Raumdimension zu den gegenüberliegenden Extremen zu bewegen, um es damit zu erleichtern, den Mittelpunkt beziehungsweise Koordinatenursprung der Dimension genau zwischen den beiden Polen zu finden. Dieselbe Zielsetzung wird unter anderem Vorzeichen auch in Phase 2 verfolgt.

Phase 2: Dimension der Zeit – Rückseite und Vorderseite des Körpers

In der zweiten Phase dieser Meditation richten Sie Ihre Aufmerksamkeit nun auf die Rückseite Ihres Körpers. Wenn Sie liegen (empfohlen), dann liefern Ihnen die Berührungspunkte mit der Unterlage dafür Empfindungen von den Füßen, wo Sie den Druck auf dem hinteren Teil der Fersen spüren können, bis hinauf zum Hinterkopf. Wandern Sie mit Ihrer Aufmerksamkeit also von den Fersen ausgehend den Körper hinauf und lassen Sie sich dabei Zeit: Waden, Kniekehlen, Rückseite der Oberschenkel, Gesäß, Kreuzbein, Rücken, Schulterblätter, Nacken, Hals und Hinterkopf. Fühlen Sie auch hier zum Abschluss noch einmal Ihre gesamte Rückseite und den Kontakt nach unten zum Boden auf der gesamten Länge und Fläche Ihres Körpers, einschließlich der Rückseiten Ihrer beiden Arme und Ihrer Handrücken.

Mit der Zuwendung Ihrer Aufmerksamkeit auf die Rückseite Ihres Körpers wenden Sie Ihren Blick innerlich nach hinten. Ausgehend von der Bewusstheit Ihrer Körperrückseite weiten Sie Ihr Bewusstsein nun aus auf alles, was noch weiter »hinter Ihnen liegt«: Sie öffnen in Ihrem Bewusstsein ein Fenster, durch das Sie mit Ihrem geistigen Auge in Ihre Vergangenheit schauen, so als ob Sie in eine Landschaft blicken, die Sie durchwandert haben und die jetzt hinter Ihnen liegt. Wo kommen Sie her? Gibt es besondere Ereignisse in der Vergangenheit, die vor Ihrem geistigen Auge auftauchen? Was sehen Sie, wenn Sie zurückblicken? Die Vergangenheit ist bereits geschehen und liegt fest. Welche glücklichen oder schlimmen Erfahrungen tauchen als Szenen in Ihrer Erinnerung auf, die Ihrem Weg seine Richtung gaben? Lassen Sie sich Zeit für diese Übung.

Gehen Sie dann in der Zeit so weit zurück, wie Ihnen dies möglich ist: Was sind Ihre ersten Erinnerungen? Bilder, Geräusche, Gerüche, Körperempfindungen? Sehen Sie sich in Ihrer Jugend und Kindheit und gehen Sie weiter zurück, auch wenn die Erinnerungen undeutlicher und verschwommen werden. Irgendwo in der fernen Vergangenheit liegen der Zeitpunkt Ihrer Geburt und der Moment, in dem Sie den ersten Atemzug genommen haben. Schauen Sie zurück auf Ihre gesamte Vergangenheit, den Weg, den Sie seither genommen haben, und spüren Sie noch einmal die Rückseite

Ihres Körpers und was alles an Erfahrungen in Ihnen gespeichert ist, was körperliche und seelische Spuren hinterlassen hat.

Vollziehen Sie nun erneut eine innere Kehrtwendung, indem Sie Ihre Aufmerksamkeit auf die Vorderseite Ihres Körpers richten. Spüren Sie, was in Ihrem Körper eine natürliche Ausrichtung nach vorne hat, vor allem Ihr Gesicht, Ihre Augen, Ohren, Ihre Nase und Ihren Mund sowie Ihre Hände und Arme, die Sie meist nach vorne ausstrecken, um etwas zu berühren oder zu ergreifen. Spüren Sie auch Ihre Stirn, Brust und die Vorderseite Ihres Bauches und schließlich Ihre Beine und Füße, bis hinunter zu den Zehenspitzen, die nach vorne zeigen. Wenn Sie auf dem Rücken liegen, ist die Vorderseite zugleich die Oberseite, die der Zimmerdecke oder dem Himmel zugewandt ist. Spüren Sie abschließend noch einmal auf der gesamten Länge und Breite Ihres Körpers alles, was nach vorne beziehungsweise oben zeigt.

Ausgehend von der Bewusstheit Ihrer Körpervorderseite, weiten Sie Ihr Bewusstsein nun aus auf alles, was in der Zeit noch »vor Ihnen liegt«: Sie öffnen in Ihrem Bewusstsein ein Fenster, durch das Sie mit Ihrem geistigen Auge in Ihre Zukunft schauen, so als ob Sie in eine Landschaft blicken, die vor Ihnen liegt und die Sie noch durchwandern werden. Wohin werden Sie gehen? Gibt es besondere Ereignisse in der Zukunft, die vor Ihrem geistigen Auge auftauchen? Was sehen Sie, wenn Sie vorausschauen? Die Zukunft ist noch offen. Aber es gibt vielleicht bestimmte

Ereignisse, auf die Sie sich bereits freuen oder vor denen Sie sich womöglich auch etwas fürchten. Lassen Sie sich viel Zeit für diese Übung.

Gehen Sie dann in der Zeit so weit nach vorne, wie Ihnen dies möglich ist: Welches Bild haben Sie von sich im Alter? Sehen Sie sich so weit in der Zukunft wie möglich, auch wenn Ihre Vorstellungsbilder vage und verschwommen sind. Irgendwo in der fernen Zukunft liegen der Zeitpunkt Ihres Todes und der Moment, in dem Sie den letzten Atemzug nehmen werden. Schauen Sie auf Ihre gesamte Zukunft, den Weg, der vor Ihnen liegt, und spüren Sie noch einmal die Vorderseite Ihres Körpers, wie Sie sich fühlen, wenn Sie auf Ihr weiteres Leben blicken. Machen Sie sich bewusst, dass Sie selbst darüber entscheiden, welchen Weg Sie einschlagen werden.

Ebenso wie in der ersten Phase dieser Meditation kommt nun auch hier der Schritt, bei dem die beiden gegenüberliegenden Pole der Zeitdimension – Vergangenheit und Zukunft – gemeinsam wahrgenommen werden. Richten Sie dazu Ihre Aufmerksamkeit auf die Gegenwart, diesen Moment, das Jetzt (zur Bedeutung des Jetzt für spirituelle Entwicklung siehe auch Tolle, 2008). Spüren Sie, dass die Rückseite und die Vorderseite Ihres Körpers zusammengehören wie zwei Seiten einer Medaille oder Münze. Das Jetzt verbindet Vergangenheit und Zukunft direkt miteinander, in jedem Moment wird der eben noch zukünftige Augenblick zu einem Teil der Vergangenheit. Dehnen Sie Ihr Bewusstsein ausgehend vom Jetzt gleichzeitig in beide

Richtungen nach hinten in die Vergangenheit und nach vorne in die Zukunft aus und nehmen Sie beide als eine Ganzheit wahr, die sich von Ihrem ersten bis zum letzten Atemzug erstreckt. Spüren Sie dabei, wie Sie atmen, um diesen Blick auf die Zeit mit Ihrem Körpergefühl im Jetzt zu verbinden.

●

Sich der Vergangenheit, dem Zurückliegenden zuzuwenden und das Geschehene zu erinnern, vor dem geistigen Auge wachzurufen, fällt Menschen unterschiedlich leicht. Vielleicht sind es zunächst nur wenige, blasse Erinnerungsbilder, die Sie bei dieser Übung in sich aufrufen und betrachten können. Wenn das so sein sollte, können Sie alte Fotoalben nutzen, um Ihre Erinnerungen aufzufrischen.

Häufig sind Teilnehmende jedoch überrascht, wie viele, oft längst vergessene innere Bilder bei dieser Übung in Ihnen auftauchen, und hätten gerne sehr viel mehr Zeit dafür gehabt. Wenn Sie ohne die Audio-Anleitung selbstständig üben, können Sie sich so viel Zeit nehmen, wie Sie möchten. Wichtig ist allerdings, dass Sie sich nicht gänzlich in Erinnerungen verlieren, sondern den Weg in die Vergangenheit konsequent gehen, soweit Ihnen das möglich ist, bevor Sie dann noch einmal alles Zurückliegende in den Blick nehmen und auf die Vorderseite des Körpers und die Zukunft umschwenken.

Bei einem Workshop im Rahmen eines Kongresses bezeichnete eine Teilnehmerin den Teil der Übung mit dem Blick in die Vergangenheit als »mutig«. Tatsächlich könnte diese Übung bei Menschen mit traumatischen Erfahrungen in ihrer Vorgeschichte dazu führen, dass sie mit diesen Erfahrungen konfrontiert werden, wenn sie ihre Vergangenheit betrachten.

Wenn Sie als Lehrerin oder Lehrer zu dieser Übung anleiten sollten, ist es daher wichtig, dass Sie die Teilnehmenden diesbezüglich einschätzen können. In meinen Seminaren ist bei dieser Übung bisher noch nie jemand in Tränen ausgebrochen, aber manche Teilnehmende waren sichtlich emotional berührt. Durch die entspannte, meditative Grundhaltung und Beobachterposition, die während der Übung eingenommen wird, ist das Risiko einer Überflutung mit Emotionen jedoch relativ gering.
Falls Sie den Blick in Ihre Vergangenheit als belastend erleben sollten, dann können Sie sich klarmachen, dass Sie das Vergangene nicht ändern können und am besten als Teil Ihrer persönlichen Lebensgeschichte annehmen, um daraus für die Zukunft zu lernen. Gerade der anschließende Blick in die noch offene Zukunft mit der Möglichkeit, über den eigenen Weg selbst zu bestimmen, kann Optimismus und den Wunsch zu einer aktiven Lebensgestaltung fördern. Achten Sie generell darauf, bei allen Übungen eine wohlwollende Grundhaltung sich selbst gegenüber einzunehmen.
Die Gesamtschau auf das eigene Leben zielt darauf ab, den gegenwärtigen Moment bewusster zu erleben, zu erkennen und auch körperlich zu spüren, welchen Einfluss die Vergangenheit und persönliche Lebensgeschichte auf uns hat. Im gegenwärtigen Moment ist im Grunde alles enthalten – das Vergangene wie auch die Wünsche und Potenziale in uns, die auf eine Erfüllung und Verwirklichung in der Zukunft gerichtet sind. Das Bewusstsein im Jetzt ist Ausgangspunkt für jeden nächsten Schritt. Die zweite Phase soll die Bewusstheit für die Zeitdimension steigern, die wir auf der Grundlage von Erinnerungen und Projektionen in die Zukunft in uns als elementaren Bestandteil unseres Weltmodells und unserer Lebensgeschichte erschaffen.

Da wir uns physisch nach vorne bewegen, liegt es nahe, die Vergangenheit mit der Körperrückseite und dem zu verbinden, was räumlich hinter uns liegt, während wir uns mit der Vorderseite auf das Zukünftige zubewegen, das vor uns liegt.

Phase 3: Ichbewusstsein – physisches (unten) und geistiges (oben) Sein, innerstes Zentrum

Die dritte Raumdimension unseres Körpers, die Längsachse von unten nach oben, haben wir in den beiden Phasen zuvor mit der Aufmerksamkeit bereits jeweils halbseitig links/rechts und hinten/vorne durchwandert. In der dritten Phase verbinden wir diese Achse nun mit den verschiedenen Ebenen unserer Existenz. Das hört sich auf den ersten Blick womöglich ziemlich abstrakt an, wird jedoch im Zuge der Meditation gleich konkret im eigenen Leib erfahrbar.

Materielle Ebene: Masse, Gewicht, Festigkeit

Beginnen Sie damit, Ihren Körper zu spüren, wie er daliegt oder dasitzt. Sie spüren Ihre Füße und Beine, Ihre Hände und Arme, Ihren Rumpf, Hals und Kopf. Machen Sie sich die Ausdehnung Ihres physischen Körpers im Raum bewusst, spüren Sie seine Schwere und Festigkeit. Wenn Sie möchten, können Sie dieses Spüren begleiten mit dem Satz »Ich bin dieser Körper« und die Hände auf die Beine oder den Bauch legen, um sich dieser Tatsache hundertprozentig sicher zu sein. Sie spüren sich selbst als materiellen Körper. Verankern Sie die Aufmerksamkeit dann in den beiden Füßen, den Beinen und dem Beckenboden beziehungsweise

Gesäß, die am häufigsten das Gewicht Ihres Körpers tragen. Sie spüren Ihren gesamten physischen Leib sozusagen von unten her, von der Basis aus, die ihn trägt.

Die Ausrichtung der Aufmerksamkeit ist dabei ähnlich wie in der ersten Phase von Meditation 2, in der es um die mechanischen Energieformen ging, die Sie in Ihrem Körper wahrnehmen können: Lage, Gewicht, Schwere, Festigkeit. Und auch die nächste Ebene ähnelt der zweiten Phase von Meditation 2, in der es um die Wärmeenergie und den Stoffwechsel ging.

Vitale Ebene: Bauchatmung, Wärme

Richten Sie nun Ihre Aufmerksamkeit auf alle Empfindungen im Körper, die Ihnen das Gefühl von Lebendigkeit vermitteln. Nehmen Sie dazu die Atmung im Bauch als Ankerpunkt und spüren Sie, wo sich Ihr Körper warm anfühlt, wo Sie ein Pulsieren und Strömen wahrnehmen können. Sie können dieses Spüren und Bewusstsein unterstützen, indem Sie innerlich den Satz wiederholen »Ich bin lebendig«, vielleicht begleitet von einem leisen Gefühl der Freude darüber, dass dies so ist. Wie fühlt es sich an, lebendig zu sein?

Wie in Meditation 1 wandern Sie anschließend mit der Aufmerksamkeit auch in dieser Meditation vom Bauch aus weiter nach oben in die Brust- und Herzregion.

Emotionale Ebene: das Herz fühlen

Richten Sie Ihre Aufmerksamkeit auf Ihr Herz oder die Mitte Ihrer Brust. Was fühlen Sie dort? Wie nah sind Sie Ihren Gefühlen? Wen fühlen Sie in Ihrem Herzen? Was bewegt Ihr Herz? Sie können dieses Fühlen mit dem Satz begleiten »Ich fühle mich« und dabei eine Hand oder beide Hände auf Ihr Herz legen oder die Hände vor der Brust falten, um den Fokus auf das Herz zu verstärken.

Wenn Sie Meditation 1 regelmäßig praktizieren, wird es Ihnen mit der Zeit immer leichter fallen, sich mit Ihrem Herzen zu verbinden.

Mentale Ebene: Kopf, Denken, Ideen, Vorstellungen

Wandern Sie erneut weiter nach oben über den Hals und die Kehle bis zu Nase und Stirn. Machen Sie sich Ihren Kopfraum bewusst, in dem Ihr Denken zu Hause ist. Sie können die Atemempfindungen am Eingang der Nase als Anker nutzen, wie in Meditation 1, oder den Punkt auf der Mitte der Stirn, der auch als »Drittes Auge« bezeichnet wird. Nehmen Sie den Denkraum in Ihrem Kopf wahr, Ihren Denkapparat, der Worte nutzt, um die Realität zu beschreiben und Ideen zu formulieren. Wer oder was ist dieses denkende Ich? Welchen Stellenwert hat das Denken in Ihrem Leben? Beobachten Sie Ihr eigenes Denken und suchen Sie nach einem Satz, der beschreibt, wie wichtig das Denken für Ihr Dasein ist. Hier ein paar Beispiele:

»Ich denke, also bin ich.«
»Ich bin mein Denken.«
»Ich bin, was ich denke.«
»Ich bin mir meines Denkens bewusst.«

Was stimmt für Sie? Versuchen Sie, während Sie nachdenken, zugleich Ihren Kopf zu spüren und zu lokalisieren, wo das Denken stattfindet.

Notieren Sie einen Satz, der Ihr Verhältnis zum Denken treffend beschreibt. Wie groß ist die Bedeutung, die Vorstellungen, Erwartungen, Ideen und Konzepte für Sie haben?

Geistige, spirituelle Ebene: Bewusstsein an sich

Für den letzten Schritt dieser Meditation versuchen Sie nun, Ihr Denken möglichst zur Ruhe kommen zu lassen und innerlich still zu werden. Nehmen Sie das Bewusstseinsfeld wahr, in dem alle Inhalte des Bewusstseins auftauchen und wieder verschwinden, Ihren inneren geistigen Raum. Sie können dabei den Scheitelpunkt Ihres Kopfes fokussieren, einen Punkt etwas oberhalb Ihres Kopfes oder den Raum um Ihren Kopf herum. Sie erkennen sich selbst als diejenige oder denjenigen, der schaut. Ohne einen Gedanken dazu zu formulieren, ruhen Sie in diesem inneren Schauen auf sich selbst, auf das Wesentliche in Ihnen.

Spüren Sie nun noch einmal im Schnelldurchlauf die einzelnen Existenzebenen, wiederholen Sie die zugehörigen Sätze und wandern Sie dabei von unten nach oben durch Ihren Körper:

Materielle Ebene, Beckenboden – »Ich bin dieser Körper.«
Vitale Ebene, Bauch – »Ich bin lebendig.«
Emotionale Ebene, Herz – »Ich fühle mich.«
Mentale Ebene, Kopf – »Ich denke …«
Geistige Ebene, Scheitelpunkt – wortloses Schauen.

Können Sie innerlich eine Grenze zwischen diesen Ebenen wahrnehmen? So, wie Ihr Körper zu einem Ganzen verbunden ist, fließen auch diese Ebenen des Seins ineinander und sind eng miteinander verbunden.

Spüren Sie in Ihren Körper hinein und versuchen Sie nun, auch in dieser Dimension, entlang der Längsachse Ihres Körpers, eine Mitte, ein Zentrum in sich zu finden. Wo ist das Zentrum Ihres Seins? Wo fühlen Sie Ihre innerste Mitte? Im Bauch, im Herz, im Kopf?

Wenn Sie Ihre innerste Mitte gefunden, sich ganz mit sich selbst verbunden haben, dann weiten Sie Ihr Bewusstsein zum Abschluss der Meditation weit in den Raum nach außen aus und verbinden sich mit allem, was Sie umgibt, mit der ganzen Welt, von der Sie ein Teil sind. Wenn Sie möchten, können Sie diesen letzten Schritt der Meditation mit dem Satz begleiten »Alles ist eins«.

Damit endet die dritte Meditation. Sie haben in dieser Meditation Ihre räumliche Mitte als Verbindung zwischen der rechten und linken Körperhälfte bestimmt. Sie haben den gegenwärtigen Moment, das Jetzt, als den Ausgangspunkt erfahren, von dem aus Vergangenheit und Zukunft sich zeigen als das, was hinter und vor Ihnen auf Ihrem Lebensweg liegt. Und schließlich haben Sie sich Ihr Dasein bewusst gemacht, ausgehend von der materiellen Basis im physischen Leib bis hin zum geistigen Schauen, um alle Ebenen in Ihnen als Einheit und Ganzheit zu erfahren. Das Ausloten der grundlegenden Dimensionen des Bewusstseins bis zu den jeweils gegensätzlichen Extrempolen diente dazu, Ihr Zentrum, Ihren innersten Wesenskern zu finden.

Überblick über Meditation 3: Dimensionen und Zentrum des Bewusstseins

Phase 1: Dimension des Raumes

- linke Körperhälfte, linke Hälfte der Welt
- rechte Körperhälfte, rechte Hälfte der Welt
- verbindende Mittelachse

Phase 2: Dimension der Zeit

- Rückseite des Körpers, Vergangenheit bis zu erstem Atemzug
- Vorderseite des Körpers, Zukunft bis zum letzten Atemzug
- Verbindung im Körper und im Jetzt, aktueller Atemzug

Phase 3: Ichbewusstsein (von unten nach oben)

- *Physisches Sein:* Füße, Beine, Becken – »Ich bin dieser Körper«.
- *Vitalität:* Atmung im Bauch, Wärme – »Ich bin lebendig«.
- *Emotionale Ebene:* Herz – »Ich fühle mich«.
- *Mentale Ebene:* Kopf – »Ich denke …«.
- *Geistiges Sein:* Scheitelpunkt – wortloses Schauen.
- *Frage:* Was ist mein innerstes Zentrum?
- *Abschluss:* Ausweiten auf die Außenwelt – »Alles ist eins«.

Resümee

Die drei Meditationen im Hauptteil dieses Buches leiten Sie dazu an, Ihren Körper, Ihre Gefühle und Ihr Bewusstsein insgesamt zu erforschen. Die systematische Innenschau im Rahmen dieser Meditationen benötigt Zeit. Nicht jede Meditation, jede Phase und jeder einzelne Schritt innerhalb der Phasen wird gleich auf Anhieb auf eine befriedigende Weise »gelingen«. Vor allem die dritte Meditation wird Ihnen leichter fallen, wenn Sie zuvor die erste und zweite Meditation mehrmals geübt haben, denn dann sind Sie mit den Ankerpunkten – Bauch, Herz und Nase/Kopf – bereits vertraut. Beginnen Sie zunächst mit den Vorübungen und mit der ersten Meditation. Die geführten Meditationen sind hinsichtlich der Inhalte und des zeitlichen Ablaufs festgelegt. Nachdem Sie diese eine Weile praktiziert und sich damit vertraut gemacht haben, empfehle ich Ihnen, sobald wie möglich ohne Audio-Anleitung zu üben, um selbst die Steuerung zu übernehmen und sich für jeden Abschnitt der Meditationen so viel Zeit zu nehmen, wie Sie jeweils möchten.

In der ersten Meditation werden viele bewährte Techniken kombiniert, und Sie können diejenigen auswählen, die bei Ihnen die erwünschten Wirkungen effektiv hervorbringen. Die zweite Meditation ist relativ »technisch« orientiert und spricht vor allem Menschen an, die eine Neigung zur Physik beziehungsweise naturwissenschaftlichen Analyse haben. Wenn Ihnen dieses Herangehen nicht liegen sollte, dann können Sie diese Meditation weglassen und lediglich die Informationen aufnehmen, die in der Beschreibung der Meditation gegeben werden. Ich möchte Sie dennoch dazu ermuntern, Ihren Körper in der Meditation auch bezüglich der Energien zu betrachten, die Sie in sich wahrnehmen. Meiner Erfahrung nach ist es ein entscheidender Entwicklungsschritt der Praxis und Zeichen für eine Vertiefung der Meditation, wenn der Körper nicht mehr nur als materielles Objekt und biologischer Organismus, sondern als Energiefeld und Bewusstseinsraum erfahren wird. Dies kann von der Wahrnehmung von Farben begleitet sein, wie sie übrigens auch in der Oberstufe des Autogenen Trainings beschrieben wird (Schultz, 1991). Diese Oberstufe wird auch als »Autogene Meditation« bezeichnet (Krampen, 2013).

Die dritte Meditation macht das Bewusstsein selbst zum Gegenstand der Betrachtung. In den tiefsten Erfahrungen während der Meditation kann es dazu kommen, dass Raum-, Zeit- und Ichbewusstsein sich auflösen. Derartige Transzendenz-Erfahrungen sind vergleichsweise selten und sprachlich nicht leicht zu vermitteln. So kann sich beispielsweise das Jetzt, das sonst als ein begrenztes Zeitfenster in der Gegenwart erlebt wird, ausdehnen und als Ewigkeit erfahren werden (siehe dazu auch Wittmann, 2015). Die dritte Meditation zielt darauf ab, solche Erfahrungen vorzubereiten, indem Zeit, Raum und Ich als Dimensionen unseres Welt- und Selbstbildes bewusst reflektiert werden. Dadurch, dass Sie sich während der Meditation selbst willkürlich entlang dieser Dimensionen bewegen, kann sich ein Bewusstsein dafür bilden, dass es sich dabei letztlich um Konstruktionen in Ihrem Geist handelt und es ein ursprünglicheres Daseinsgefühl gibt, das der Aufteilung in Modelle von Welt und Selbst vorausgeht. Wenn Sie sich eingehender mit der erkenntnistheoretischen Herausforderung auseinandersetzen möchten, wie wir ein Modell von uns selbst erschaffen, dann empfehle ich Ihnen das Buch *Der Ego-Tunnel* von Thomas Metzinger (2010). Die Neurowissenschaften können heute detailliert beschreiben, wie verschiedene Aspekte der Selbst-Erfahrung mit unterschiedlichen Repräsentationen des Körpers im Gehirn verbunden sind (Überblick in Riva, 2018).

Wie in der Einführung zum Thema Spiritualität beschrieben, können Gipfelerfahrungen das Leben eines Menschen stark beeinflussen und zu einer völligen Neuausrichtung führen. Meditation besteht jedoch – wie eine Bergbesteigung – aus vielen kleinen Schritten und zielt darauf ab, die Bewusstheit und Achtsamkeit zu erhöhen. Dies geschieht zwar zunächst vorrangig während der Sitzungen, kann langfristig jedoch Auswirkungen auf viele, wenn nicht gar alle Lebensbereiche entfalten. In den Kursen des bekannten Programms *Stressbewältigung durch Achtsamkeit* (Kabat-Zinn, 2011) werden die Meditationsübungen mit sogenannten informellen Übungen ergänzt, mit denen die Teilnehmenden lernen, Achtsamkeit bei Alltagstätigkeiten zu üben, wie beispielsweise beim Essen, Abspülen oder Duschen.

Im letzten Teil dieses Buches möchte ich Ihnen Anregungen geben, Ihr Verhalten in vielen Lebensbereichen des Alltags zu betrachten und in Richtung von mehr Achtsamkeit und Selbstbestimmung zu verändern.

AUSBLICK: MEHR BEWUSSTHEIT IM ALLTAG

Nach meinen Vorträgen über die wissenschaftlichen Befunde zu Wirkungen von Meditation auf Psyche und Gehirn wird in den anschließenden Diskussionen regelmäßig die Frage gestellt, wie viel man denn üben müsse, um die berichteten positiven Wirkungen zu erzielen.

Sofern es sich um Befunde handelt, die bei Teilnehmenden am Training *Stressbewältigung durch Achtsamkeit* gefunden wurden, ist die Antwort relativ einfach zu geben: Hier verpflichten sich die Teilnehmenden, während des achtwöchigen Trainings die formellen Meditationen täglich für circa 45 Minuten zu üben. Auch mit einem »niedrig dosierten« Kurs über sechs Wochen mit 20 Minuten täglicher Übungsdauer wurden bei Berufstätigen bereits gute Wirkungen erzielt (Klatt et al., 2009).

Allerdings gibt es bei Meditation keine so eindeutige Dosis-Wirkung-Beziehung, wie man sie oft bei Medikamenten angibt. Es wäre beispielsweise unseriös, Meditation in dieser Weise zu »verschreiben«: »Dreimal täglich nach dem Essen zehn Minuten Atemachtsamkeit über einen Zeitraum von acht Wochen hilft zuverlässig gegen Stress und verjüngt Ihr Gehirn um zweieinhalb Tage.« Denn es kommt natürlich auch sehr darauf an, was jemand während der restlichen Stunden des Tages tut, wenn er oder sie nicht meditierend auf einem Kissen oder Stuhl sitzt!

Es wäre beispielsweise kontraproduktiv, wenn Sie frühmorgens noch rasch Ihr tägliches »Pensum« an Meditation absolvieren würden, sich anschließend dann aber extrem hetzen müssten, um noch rechtzeitig am Arbeitsplatz erscheinen zu können. Es geht bei der Praxis von Meditation und

Achtsamkeit um mehr als um Techniken, die vom sonstigen Leben isoliert sind – es geht um eine innere Haltung und eine bewusste Lebensweise.

Um diesen Punkt zu verdeutlichen, nutze ich gerne folgenden Merksatz: »Meditation bedeutet, zu sich zu kommen – nach der Meditation besteht die Herausforderung darin, bei sich zu bleiben.« Es ist relativ leicht, sich in einer ruhigen Umgebung zu entspannen und achtsam zu sein. Wesentlich schwieriger ist es, die gewonnene innere Ruhe im hektischen Alltag zu bewahren.

Die eingangs erwähnte Frage nach der erforderlichen Zeit für die Meditation wird meist vor dem Hintergrund gestellt, dass die Fragestellenden gerne von den positiven Wirkungen profitieren würden, aber fürchten, dass sie die Zeit dafür nicht aufbringen können, weil sie sowieso bereits einen sehr vollen Zeitplan haben: Wie sollen sie sich denn dann auch noch Zeit für die Meditation nehmen?

Wenn Sie Achtsamkeit üben möchten, dann müssen Sie nicht immer formelle Meditation praktizieren. Sie können auch alltägliche Handlungen für die Übung nutzen: Gibt es irgendetwas, was Sie nicht auch achtsam tun könnten? In den folgenden Kapiteln möchte ich Ihnen Anregungen dazu geben, Ihr Leben in verschiedenen Bereichen zu reflektieren und diese als Übungsfelder für sich zu entdecken. Außerdem möchte ich darauf eingehen, welcher Lebensstil dazu geeignet ist, die Praxis von Meditation zu unterstützen, und wie sich umgekehrt diese Praxis in verschiedenen Lebensbereichen auf unser Erleben und Verhalten auswirken kann.

Lebensrhythmen – Arbeit, Freizeit und Schlaf

In der dritten Meditation haben Sie bei der Betrachtung der Zeitdimension Ihr gesamtes vergangenes und zukünftiges Leben in den Blick genommen – vom ersten bis zum letzten Atemzug. Eine Wirkung dieser Meditation besteht darin, dass Ihnen bewusst wird, wo Sie jetzt stehen, auf welchem Weg Sie zu diesem Punkt gekommen sind und wohin Sie möchten. Unsere Lebenszeit ist eine kostbare, begrenzte Ressource. Gibt es Dinge, die Sie gerne in diesem Leben verwirklichen möchten? Nehmen Sie sich etwas Zeit, um aufzuschreiben, was Sie noch vorhaben. Was sind Ihre wichtigsten Pläne, was möchten Sie in Ihrem Leben noch erreichen?

Wenn Sie Ziele haben, die Sie verwirklichen möchten, ist es in der Regel vor allem eines, das Sie dazu brauchen: Zeit. Vielleicht wäre auch Geld hilfreich oder Unterstützung von anderen Menschen, aber ohne genügend Zeit ist es schwierig, irgendein Ziel zu erreichen, das man sich gesetzt hat. Viele Menschen, denen ich bei Vorträgen und in Seminaren begegne, berichten von dem Gefühl, eigentlich nie genug Zeit zu haben – Zeit für sich und dafür, das zu tun, was sie wirklich möchten. Oder sie beklagen, dass ihnen die Zeit fehlt, um etwas für ihre Gesundheit zu tun, wie zum Beispiel zu meditieren.

Sie stehen nun vielleicht auch vor dem Problem, dass Sie zwar gerne meditieren möchten, aber nicht wissen, wie Sie eine regelmäßige Praxis in Ihren Alltag integrieren können. Dazu möchte ich im Folgenden gerne gemeinsam mit Ihnen einige Überlegungen anstellen und Ihnen Vorschläge machen, wie Sie Meditation und Achtsamkeit praktizieren können, ohne dass hierdurch die Zeit für Sie noch knapper wird, als sie möglicherweise ohnehin schon ist.

Als Ausgangspunkt nehmen wir die verschiedenen Rhythmen, die unser Leben ganz entscheidend prägen: Tages-, Wochen- und Jahresrhythmus. Wie viel Zeit steht Ihnen zur Verfügung und wann? Jeder Tag dauert für jeden von uns 24 Stunden, wenn wir nicht gerade Fernreisen mit dem Flugzeug unternehmen. Für die Praxis von Meditation fällt die Zeit weg, die wir normalerweise jede Nacht schlafen, wenn wir nicht im Schichtdienst arbeiten. Der Schlafbedarf liegt bei einem erwachsenen Menschen zwischen sechs und neun Stunden, im Durchschnitt verbringen wir siebeneinhalb bis acht Stunden im Schlaf.

Im Kapitel zu den Voraussetzungen des Übens hatte ich Ihnen empfohlen, die Meditation in die ruhigen Morgen- oder Abendstunden zu legen, je nachdem, wann Sie wach und munter sind. Wann, wie lange und wie gut Sie schlafen, ist für das Meditieren von Bedeutung. Bei der Meditation wird es Ihnen am ehesten gelingen, die Aufmerksamkeit auszurichten und aufrechtzuerhalten, wenn Sie gut ausgeschlafen sind. Wann ist das bei Ihnen der Fall? Sind Sie eher ein Morgenmuffel, der erst in der zweiten Tageshälfte zur Hochform aufläuft, oder ist der Vormittag Ihre beste Zeit für konzentrierte Tätigkeiten? Wie sieht der typische Ablauf an einem Werktag aus? Wann wäre von Ihrer geistigen Fitness her ein optimales Zeitfenster für das Meditieren?

Können Sie ein entsprechendes Zeitfenster für die Meditation reservieren oder wird die Zeit dann zu knapp? Wenn Sie gerne morgens meditieren möchten, empfehle ich Ihnen, abends früher ins Bett zu gehen als sonst. Wenn Sie zwischen 21 und

22 Uhr einschlafen, werden Sie vermutlich zwischen 5 und 6 Uhr von selbst aufwachen. Bei einem normalen Arbeitsbeginn um 8 Uhr hätten Sie dann – je nach Arbeitsweg – reichlich Zeit, nach einer halbstündigen Meditation noch in Ruhe zu frühstücken. In spirituellen Zentren ist der Tagesablauf oft so gestaltet, dass die Nachtruhe bereits um 21 Uhr beginnt und die erste Meditation dann in den frühen Morgenstunden, noch vor dem Frühstück, absolviert wird.

Der Vorteil einer Morgenmeditation ist, dass Sie dadurch achtsam in den Tag starten. Sie können die Übung der Achtsamkeit dann beim Frühstück fortsetzen (siehe auch das nachfolgende Kapitel), auf dem Weg zur Arbeit achtsam sein und so weiter. Wenn Sie früher aufstehen, um in Ruhe meditieren zu können, werden Sie abends auch etwas früher müde werden und wiederum früher schlafen gehen. Auf diese Weise wird sich Ihr Schlaf-wach-Rhythmus umstellen, und Sie haben morgens ausreichend Zeit, um in Ruhe mit einer Meditation in den Tag zu starten. Die Umstellung braucht eventuell einige Tage, stabilisiert sich dann jedoch automatisch. Sie brauchen dann keinen Wecker mehr, sondern werden von selbst morgens immer um etwa die gleiche Zeit aufwachen.

In den frühen Morgenstunden wach und aktiv zu sein, eventuell den Vögeln draußen zu lauschen, die nach der Morgendämmerung ein Konzert geben, ist womöglich ein ganz neues Lebensgefühl für Sie, wenn Sie bisher morgens stets müde waren und unter Zeitdruck standen, um rechtzeitig zur Arbeit zu kommen. Tun Sie sich solch einen Stress besser nicht an, auch wenn das bedeutet, auf ein langes Aufbleiben zu verzichten. Treffen mit Freunden lassen sich oft auch in die früheren Abendstunden oder auf die Nachmittage an den Wochenenden verschieben, und späte Fernsehsendungen können Sie gegebenenfalls aufzeichnen oder später zu günstigeren Zeiten in den Mediatheken abrufen.

Wenn Sie ein Morgenmuffel sind, es morgens notorisch zeitlich eng wird und Sie partout kein Zeitfenster für das Meditieren reservieren können oder möchten, dann können Sie auch abends praktizieren. Wichtig ist dann vor allem, dass Sie noch nicht zu müde sind und eigentlich lieber schlafen würden. Nehmen Sie vorher nur ein leichtes Abendessen zu sich und wählen Sie eher ein späteres Zeitfenster, sodass Sie alle täglichen Aufgaben bereits erledigt haben.

Der Vorteil einer Meditation am Abend ist, dass Sie damit den Tag abschließen und Ihren Geist zur Ruhe bringen können. Sie können die Meditation mit einem Tagesrückblick beginnen, bei dem Sie die markantesten Ereignisse nochmals Revue passieren lassen und reflektieren, was gut und was vielleicht auch nicht so gut gelaufen ist. So eine Art der Aufarbeitung des Tagesgeschehens geschieht in der Meditation typischerweise sowieso zu Beginn ganz automatisch. Sobald Sie nicht mehr durch aktuelle Tätigkeiten abgelenkt sind und sich auf sich selbst besinnen, neigt der Geist dazu, sich dem Vergangenen zuzuwenden, das emotional bedeutsam war, oder sich auf die Zukunft zu richten. Diesen Prozess können Sie ganz bewusst gestalten, um sich dann in der anschließenden Meditation ganz auf das Erleben in der Gegenwart zu konzentrieren.

Wie eine Meditation am Abend wirkt, kann sehr verschieden sein. Bei manchen Menschen kann die Wirkung vergleichbar mit einer Tasse Kaffee sein, sodass es ihnen anschließend schwerfällt einzuschlafen. Wenn das bei Ihnen so sein sollte, dann legen Sie die Meditation besser in die frühen Abendstunden. Falls die Meditation Sie beruhigt und Sie gerne im Bett liegend üben, können Sie anschließend auch direkt tief entspannt in den Schlaf sinken.

Der übliche Tagesrhythmus mit Schlaf- und Wachphasen, Arbeitszeit und Freizeit unterliegt selbst einem weiteren

ausgeprägten Rhythmus, dem wir uns als Nächstes zuwenden werden: dem Wochenrhythmus.
Während der Tagesrhythmus durch die Erdumdrehung und den resultierenden Hell-dunkel-Wechsel bedingt ist, handelt es sich beim Wochenrhythmus um eine Erfindung der Menschen beziehungsweise um eine kulturell verankerte Vereinbarung. Und diese Vereinbarung besagt, dass in der Regel am Samstag weniger und am Sonntag gar nicht gearbeitet wird. Somit steht mehr Freizeit zur Verfügung, die unter anderem auch zum Lesen und zum Meditieren genutzt werden kann.
Zum Erlernen von Meditation ist es hilfreich, wenn Sie optimale Umgebungsbedingungen, genug Zeit und Ruhe haben. Daher bietet es sich an, die Wochenenden zu nutzen, um in die Meditation einzusteigen. Meditation ist ein »übendes Verfahren«, das heißt, es kommt darauf an, dieselbe Technik wiederholt zu praktizieren. Durch die Wiederholungen fällt Ihnen die Meditation zunehmend leichter, sodass Sie dann auch unter schwierigeren Bedingungen, etwa während einer intensiven Arbeitswoche, positive Wirkungen auf Ihr Befinden erzielen können.
Kurze Meditationen während der Arbeitswoche sind gut, um Stress zu reduzieren und die Achtsamkeit zu steigern. An den Wochenenden können längere und wiederholte Meditationen eher auch zu tiefen Erfahrungen führen. Es ist eine typische Beobachtung von Teilnehmenden an *Retreats* (aus dem Englischen, wörtlich »Rückzug«; mehrtägige Seminare mit über den Tag verteilten Meditationssitzungen), dass sich dort tiefere Erfahrungen einstellen als bei der üblichen Praxis zu Hause.
Dies liegt zum einen vermutlich an der meist sehr schönen und ruhigen Lage von Retreat-Zentren und an der Atmosphäre geistiger Sammlung, die beim Meditieren in einer Gruppe als sehr unterstützend erfahren werden kann. Zum

anderen kommt es im Verlauf eines Retreats typischerweise zu einer schrittweisen Vertiefung: In den ersten Meditationen wird zunächst noch vorhandener Stress abgebaut und Abstand zum Alltag gewonnen; danach steigen die Übenden bereits mit großer Ruhe und gesteigerter Konzentration ein, und die Wahrscheinlichkeit nimmt zu, während der weiteren Sitzungen zunehmend tiefere Erfahrungsbereiche zu erreichen.

Sie brauchen jedoch nicht unbedingt ein Retreat-Zentrum aufzusuchen. Sie können auch bei sich zu Hause einen ganzen Tag oder ein Wochenende der Meditation widmen. Vielleicht können Sie jemanden aus dem Familien- oder Freundeskreis dafür gewinnen, mit Ihnen gemeinsam zu meditieren. Sehen Sie jedoch genug Pausen zwischen den Meditationen vor, um beispielsweise spazieren zu gehen, und übertreiben Sie es nicht, denn auch Meditation kann »überdosiert« werden (Britton, 2019). Mehr als eine Stunde am Stück zu meditieren oder mehrere Stunden an einem Tag ist für Anfänger eine große Herausforderung. Tasten Sie sich bei der Übungsdauer am besten behutsam an Ihr persönliches Optimum heran.

Auch der jährliche Rhythmus mit Urlaubszeiten und Feiertagen bietet zahlreiche Gelegenheiten, einen oder mehrere Tage für das intensivere Meditieren zu nutzen. Sie können dies auch durchaus mit einem typischen Wanderurlaub in den Bergen oder einem Badeurlaub am Meer verknüpfen.

Gönnen Sie sich, sooft Ihnen dies möglich ist, eine Auszeit von der hektischen Betriebsamkeit des Arbeits- und Alltagslebens. Auf diese Weise können Sie einem Ausbrennen wirkungsvoll entgegenwirken (siehe auch Löhmer & Standhardt, 2012). Müssen Sie erst krank werden, um sich Zeit für sich nehmen zu dürfen? Nach längeren Erholungsphasen, in denen Sie zur Ruhe kommen, wird es dann umso

wichtiger, diese Ruhe auch im Alltag zu bewahren und immer wieder aufzufrischen.
Überlegen Sie beispielsweise: Wie oft müssen Sie im Verlauf eines Tages auf irgendetwas warten und ärgern sich darüber?

Wie wäre es, wenn Sie diese Wartezeiten und Zwangspausen neu betrachten und als willkommene Gelegenheiten zur Meditation für sich nutzen, die Ihnen das Leben gerade anbietet? Das Windows-Update mit Neustart, die lange Schlange an der Supermarktkasse, das volle Wartezimmer und dergleichen mehr begrüßen Sie dann womöglich mit einem Lächeln statt mit Stirnrunzeln und einem gequälten Stöhnen oder Schimpfen.
Achten Sie darauf, das Meditieren mit einer Haltung der Leichtigkeit und spielerischen Selbsterforschung zu verbinden: »Was gibt es in mir zu entdecken?« Sehen Sie Meditation nicht als eine weitere lästige Pflicht, die Sie sich selbst auferlegen, als ein tägliches Pensum, das im Dienste der Gesundheit absolviert werden muss (»Ich muss heute noch meditieren«), damit einen nicht ein schlechtes Gewissen plagt.
Seien Sie also vorsichtig mit guten Vorsätzen, die erfahrungsgemäß nur eine begrenzte Haltbarkeit aufweisen. Die beste Garantie für die Etablierung einer regelmäßigen Praxis ist es, wenn Ihnen die Meditation Freude macht und Sie merken, dass es Ihnen dadurch besser geht. Orientieren Sie sich an Ihrem eigenen Gefühl und verwenden Sie beim Meditieren nur dann einen Wecker, wenn Sie zu einem bestimmten Zeitpunkt aufhören müssen. Ansonsten lassen Sie die Dauer einer Sitzung lieber offen. Mit der Zeit werden Sie ein Gefühl dafür entwickeln, wann Sie die Meditation natürlicherweise beenden möchten.

Das »Beenden« der Meditation bedeutet lediglich, dass Sie die Sitzung und damit die formelle Praxis mit einer Technik beenden. Die meditative Haltung von Achtsamkeit, die Sie während der Meditation in sich kultiviert haben, gilt es dann zu bewahren. Springen Sie also nicht auf, sondern lassen Sie sich Zeit, in einen aktiven Handlungsmodus zurückzukehren.

Bei vielen alltäglichen Handlungen können Sie ganz bewusst Achtsamkeit praktizieren und so Ihr Leben aus einer meditativen Grundhaltung heraus gestalten. Auf einige der aus meiner Sicht wichtigsten Bereiche gehe ich im Folgenden näher ein.

Ernährung

Durch die wiederholte Hinwendung auf Empfindungen aus dem Körperinneren während der Meditation verfeinert sich unsere Wahrnehmung, und wir können lernen, früher auf Bedürfnisse und Warnsignale unseres Körpers zu reagieren. Dies hat Auswirkungen darauf, wie deutlich wir Hunger und Durst oder auch ein Gefühl der Sättigung wahrnehmen. Achtsamkeit gegenüber Körperempfindungen kann sich also in Bezug auf das Essen und Trinken erstens auf den Zeitpunkt auswirken, wann wir etwas zu uns nehmen, und zweitens auf die Menge, wie viel wir essen. Eigentlich erscheint die Logik dabei sehr simpel: Wir essen etwas, wenn wir hungrig sind, und hören auf, wenn wir satt sind. Aber ist das tatsächlich so? Wie oft kommt es vor, dass Sie etwas essen, obwohl Sie eigentlich noch gar keinen richtigen Hunger verspüren, beispielsweise, weil ein Essen mit anderen zu einem festen Zeitpunkt verabredet ist? Oder Sie essen weiter, obwohl Sie eigentlich schon längst satt sind, weil

Ihnen als Kind vielleicht beigebracht wurde, dass es besonders lobenswert ist, alles aufzuessen, was sich auf dem Teller befindet? Ärgern Sie sich manchmal im Nachhinein, dass Sie zu viel gegessen haben? Denken Sie eine Weile darüber nach, ob es Aspekte Ihres Essverhaltens gibt, bei denen Sie sich Änderungen wünschen, weil Sie merken, dass es Ihnen nicht guttut, und notieren Sie Ihre Wünsche.

Meditation kann Sie dabei unterstützen, Ihr Essverhalten in eine gewünschte Richtung zu verändern. Gute Vorsätze sind gerade in Bezug auf das Essverhalten leider meist nicht leicht umzusetzen, weswegen viele Diätversuche scheitern. Der meditative Ansatz beinhaltet keine komplizierten Regeln, was wann und in welcher Menge gegessen wird, sondern legt das Augenmerk auf die tatsächlichen körperlichen Bedürfnisse. Die wichtigste Regel lautet: Achtsam essen – das heißt, darauf achten, wann wir wirklich hungrig und wann wir bereits satt sind. Machen Sie sich also möglichst frei von äußeren und inneren Zwängen in Bezug auf den Zeitpunkt und die Menge des Essens.
Achtsam zu essen bedeutet auch, mehr zu spüren als nur den Wohlgeschmack auf der Zunge. Stellen Sie sich vor, Sie wären in einer Firma angestellt, und Ihre Chefin oder Ihr Chef legte Ihnen gleich morgens einen Stapel mit zehn dicken Akten zur baldigen Erledigung auf den Schreibtisch. Mittags – Sie haben erst die Hälfte geschafft – kommt sie oder er erneut herein und legt noch weitere zehn Akten auf den Stapel. Und dasselbe wiederholt sich kurz vor Feierabend erneut! Sie wären in diesem Szenario vermutlich gestresst und ärgerlich, dass Ihnen so viel mehr Arbeit zugemutet wird, als Sie bewältigen können.
Vielleicht geht es Ihrem Verdauungstrakt manchmal ganz

ähnlich? Sie haben morgens ausgiebig gefrühstückt, und bevor der Magen bereit für neue Nahrung ist, legen Sie bereits ein opulentes Mittagessen nach, dann schon bald Kaffee mit Kuchen und abends noch eine weitere deftige Mahlzeit. Lassen Sie sich beim Essen nicht nur von den Augen leiten, die sprichwörtlich manchmal größer als der Mund oder Magen sind. Und auch wenn es sehr lecker schmecken sollte: Finden Sie den richtigen Zeitpunkt, um aufzuhören. Halten Sie dazu während des Essens immer wieder einmal kurz inne und fragen Sie Ihren Bauch, der die eigentliche Arbeit macht, ob er nicht schon mehr als genug zu tun hat und Sie daher besser nicht mehr weiteressen sollten. Um im Bild zu bleiben: Seien Sie ein guter Chef beziehungsweise eine gute Chefin und überfordern Sie Ihre Angestellten nicht.

Achtsam zu essen heißt außerdem auch, langsam zu essen. Das Sättigungsgefühl stellt sich erst mit einer Verzögerung von etwa 20 Minuten ein. Wenn Sie Ihr Essen regelrecht herunterschlingen, erfolgt das Stoppsignal erst, wenn es bereits zu spät ist und die Muskeln des übervollen Magens aufgrund der Überdehnung den Nahrungsbrei nicht mehr richtig durchkneten können. Wenn Sie Ihre Kalorienaufnahme reduzieren, erhöhen Sie Ihre Chance auf ein längeres Leben (Willcox et al., 2004). Sie können sich an einer Regel der Okinawa-Diät orientieren, die besagt, dass man den Magen besser nur zu ungefähr 80 Prozent füllen sollte (Japanisch: *Hara Hachi Bu;* die japanische Inselgruppe Okinawa gehört zu den sogenannten *Blue Zones,* in denen besonders viele Hundertjährige leben).

Wie schnell essen Sie? Lautet Ihre Formel beim Essen: Genuss gleich Masse pro Zeit? Falls ja, probieren Sie aus, ob der Genuss nicht zunimmt, wenn Sie langsamer essen, das heißt, die Speisen länger im Mund behalten und gut kauen. Die Verdauung beginnt bereits im Mund! Enzyme im Speichel können Stärke aufschließen, sodass beispielsweise

Brot nach einiger Zeit beginnt, süß zu schmecken. Probieren Sie das aus, wenn Sie das nächste Mal Brot essen.
Meine Erfahrung ist, dass der Genuss zunimmt, wenn ich mir mehr Zeit zum Essen nehme, also: Genuss gleich Bissen mal Zeit! Wenn Sie das selbst üben und überprüfen möchten, dann empfehle ich Ihnen, die Gabel oder den Löffel erst dann erneut zu befüllen, wenn Sie die letzte Portion heruntergeschluckt haben. Vermeiden Sie das typische Multitasking beim hastigen Essen, bei dem Sie, während Sie noch kauen, bereits die nächste Portion auf Gabel oder Löffel laden. Sie können diesen Automatismus leicht unterbrechen, indem Sie beispielsweise jedes Mal das Besteck zwischendurch bewusst ablegen. Das ist zunächst ungewohnt, Sie werden dann aber viel aufmerksamer kauen und wirklich schmecken, was Sie gegenwärtig im Mund haben, anstatt vorrangig schon mit der Vorbereitung des nächsten Happens auf dem Teller beschäftigt zu sein. Den gleichen Effekt können Sie auch erreichen, indem Sie beim Kauen die Augen schließen und Ihre Aufmerksamkeit ganz den Geschmacksempfindungen zuwenden.
Die deutsche Esskultur hat nicht umsonst einen schlechten Ruf bei anderen Europäern. Wie schnell und unkultiviert hierzulande gegessen wird, fällt Ihnen selbst vielleicht erst auf, wenn Sie in anderen Ländern zu Gast sind, wo das gemeinsame Essen einen höheren Stellenwert genießt, und zwar nicht nur als kulinarisches, sondern auch als soziales Ereignis. Beispielsweise in Frankreich, Griechenland oder Bulgarien lässt man sich deutlich mehr Zeit für das gemeinsame Essen und Miteinander-Reden. Mit deutschem Tempo sitzt man dann schnell vor einem leeren Teller, während die Gastgeber noch lange nicht fertig sind und sich wundern, dass die Gäste aus Deutschland ja offenbar extrem hungrig gewesen sein müssen.
Aus persönlichen Unterhaltungen weiß ich, dass ausländi-

sche Mitarbeitende regelrecht schockiert sein können, wenn sie bei der ersten Betriebsfeier bemerken, dass die deutschen Kollegen und Kolleginnen sich bereits über den Nachtisch hermachen, während sie selbst noch mit der Vorspeise beschäftigt sind.

Wenn Sie selbst bemerken, dass Sie sich beim Essen unter Zeitdruck setzen, dann können Sie einige bewusste, tiefe Atemzüge nutzen, um sich zu entspannen und den Impuls zum schnellen Essen ins Leere laufen lassen. Wenn Sie nicht alleine essen, dann können Sie Ihre Aufmerksamkeit auf Ihre Tischgenossen und -genossinnen richten und eine Unterhaltung beginnen, anstatt sich gleich auf das Essen zu stürzen.

Nehmen Sie sich auch beim Toilettengang Zeit. Nutzen Sie diese täglichen Auszeiten, um sich tief zu entspannen, denn nicht nur die Verdauung, sondern auch die Ausscheidung wird unterstützt von einer Aktivierung des Parasympathikus.

Eine weitere Auswirkung von Meditation auf das Essverhalten hängt damit zusammen, dass dem Essen auch die Funktion einer Beruhigung und Belohnung zukommt. Die Nahrungsaufnahme dient nicht alleine dazu, den Hunger zu stillen, sondern ist oft zugleich eine willkommene Arbeitspause und mündet in das angenehme Gefühl eines satten Wohlbefindens. Benutzen Sie Essen manchmal dazu, sich zu beruhigen, oder als Belohnung? Besonders Süßigkeiten sind beliebt als ein Mittel zur Regulation der Emotionen. Man braucht dann scheinbar unbedingt ein Stückchen Schokolade oder ein Eis, um sich richtig gut zu fühlen!

Keine Sorge, solche Genussmomente fallen durch Meditation nicht weg. Im Gegenteil: Sie sind ein ideales Übungsfeld für Achtsamkeit. Durch ein Genießen mit voller Aufmerksamkeit können Sie den Genuss sogar steigern. Impulse eines starken Verlangens können jedoch seltener auftreten, wenn Sie durch Meditation innerlich ausgeglichener werden.

Falls Sie bisher Suchtmittel, wie beispielsweise Nikotin und Alkohol, konsumiert haben, kann es sein, dass die Praxis der Meditation das Verlangen danach reduziert, auch wenn Sie das gar nicht beabsichtigt hatten. So weisen einige Studien darauf hin, dass Meditation und Yoga bei der Raucherentwöhnung eine gute Unterstützung bieten können (Carim-Todd et al., 2013).

Wenn Sie unmittelbar vor dem Meditieren Alkohol konsumieren, werden Sie schnell feststellen, wie negativ sich das auf Ihre Konzentrationsfähigkeit auswirkt. Meditation erhöht das Gespür dafür, wie bestimmte Nahrungs- und Genussmittel sich auf unseren Körper und unser Bewusstsein auswirken. Das gilt auch für Kaffee und andere koffeinhaltige Getränke. Eine Tasse Kaffee kann Sie zwar dabei unterstützen, während der Meditation wach zu bleiben, zugleich kann die ausgelöste physiologische Aktivierung jedoch zu innerer Unruhe führen.

Die beliebte Tasse Kaffee nach dem Essen dient sicherlich häufig auch dem Zweck, der Trägheit entgegenzuwirken, die sich dann typischerweise einstellt und scherzhaft als »Kantinenkoma« bezeichnet wird. Sie können Meditation dazu nutzen, die Wirkungen verschiedener Speisen auf Ihre Fähigkeit zum Meditieren und Ihr Wohlbefinden zu studieren. In Befragungen von Meditierenden zu den Faktoren, die die erreichte Tiefe in der Meditation beeinflussen, wurde beispielsweise der Konsum von Fleisch als Negativfaktor genannt (Müller, 1997). Machen Sie bei nächster Gelegenheit einen Selbstversuch, um zu überprüfen, ob ein Stück Fleisch im Magen auch bei Ihnen die Meditation beeinträchtigt.

Viele Menschen, die Meditation und Yoga praktizieren, ernähren sich vegetarisch. In einer Vergleichsstudie zeigte sich, dass vegetarische Yoga-Praktizierende öfter auch Meditation praktizieren und Yoga bei ihnen Bestandteil eines ganzheitlichen Lebensstils ist (Cramer et al., 2018). In einem modernen Lehrbuch werden Motive für eine vegetarische Ernährung aufgelistet, die ein weites Spektrum umfassen: ethische, gesundheitliche, ökologische, religiöse, ästhetische, hygienisch-toxikologische ebenso wie ökonomische, politische, soziale und schließlich auch spirituelle Motive. Als spirituelles Motiv wird unter anderem die »Unterstützung von meditativen Übungen und Yoga« genannt (Leitzmann & Keller, 2013, S. 26).

Dieser Zusammenhang hat auch Konsequenzen für die Interpretation von Studienergebnissen. So kann ein Teil der Unterschiede, die zwischen Meditierenden und Kontrollpersonen beobachtet werden, beispielsweise in Bezug auf eine verlangsamte Hirnalterung, eventuell auch auf eine unterschiedliche Ernährung zurückzuführen sein. Meditation würde dann als geistiges Training sowohl eine direkte Wirkung entfalten als auch eine indirekte über eine Veränderung der Ernährungsweise.

Falls Sie bisher noch täglich Fleisch konsumieren, empfehle ich Ihnen, zunächst für einen Tag in der Woche darauf zu verzichten und zu beobachten, ob und gegebenenfalls wie sich das auf Ihr Wohlbefinden und die Qualität Ihrer Meditation auswirkt. Sie können den Fleischkonsum dann schrittweise reduzieren, bis sich schließlich das Verhältnis umgekehrt hat und Sie nur noch an einem Tag der Woche Fleisch essen oder ganz auf eine vegetarische Ernährung umstellen, wenn Sie das möchten.

Wenn Sie weniger Fleisch essen, sparen Sie Geld, das Sie dafür einsetzen können, höherwertiges Fleisch mit Siegel für Bioprodukte und einer hohen Stufe beim Tierwohllabel zu kaufen. Inzwischen werden entsprechende Produkte auch bei großen Supermarktketten angeboten. Die bedeutende Rolle einer spirituellen Neuausrichtung für ein nachhaltiges, ökologisch verantwortungsvolles Handeln in allen Bereichen des Konsums wird in vielen aktuellen Büchern unterstrichen (exemplarisch: Eurich, 2016; von Brück, 2020).

Eine andere, spezielle Ernährungsweise, die das Meditieren unterstützen kann, ist das Fasten. In den letzten Jahren haben besonders mildere Formen wie das Saftfasten oder das Intervallfasten großen Zulauf erfahren und in klinischen Studien beeindruckende positive gesundheitliche Wirkungen erbracht (Michalsen, 2019). Es liegen detaillierte Programme vor, die das Fasten mit Meditationen kombinieren (Hopfenzitz & Lützner, 2008). Wenn Sie bisher noch keine Erfahrungen mit dem Fasten gemacht haben, empfehle ich Ihnen, einen Versuch mit dem alltagstauglichen Intervallfasten zu unternehmen, bei dem Sie die Nahrungsaufnahme auf acht Stunden pro Tag beschränken, also entweder das Frühstück oder das Abendessen weglassen. Untersuchen Sie, wie es sich auf die Qualität Ihrer Meditation auswirkt, wenn der Bauch nicht so voll ist, was sprichwörtlich nicht nur das Studieren, sondern auch das Meditieren unterstützen kann.

Durch das Fasten können sich der Geruchs- und Geschmackssinn verfeinern, sodass sich Ihr Gespür für gesunde Lebensmittel und deren Wirkung auf Ihren Körper und Ihr Bewusstsein noch weiterentwickelt. Leichtere Mahlzeiten und das Fasten wirken sich erfahrungsgemäß günstig auf das Meditieren und spirituelle Übungen allgemein aus, weshalb sie integraler Bestandteil vieler spiritueller Traditionen sind.

Bewegung

Bei den Meditationen in diesem Buch handelt es sich um geistige Übungen, die normalerweise in Verbindung mit einer ruhenden Körperhaltung durchgeführt werden, bevorzugt im Liegen oder Sitzen. Wenn es Ihnen gelingt, mithilfe dieser Übungen eine größere Bewusstheit Ihres Körpers zu entwickeln, dann wird sich dies im Anschluss an die Meditationen bemerkbar machen. So werden Sie sich beispielsweise nach dem Meditieren langsamer und bewusster bewegen. Versuchen Sie, diesen Effekt auszudehnen und in den Alltag so viel innere Ruhe und Bewusstheit mitzunehmen wie möglich.

Es geht darum, die Haltung der Achtsamkeit, die während der Meditation kultiviert wird, im Anschluss bei jedem Tun beizubehalten, also auch wenn Sie sich bewegen. In manchen spirituellen Traditionen haben meditative Bewegungsübungen einen hohen Stellenwert, beispielsweise die Gehmeditation im Zen, dynamische Sequenzen des Hatha-Yoga oder die fließenden Bewegungsabläufe beim Tai-Chi und Qigong. Die Bewegungen können einen Ausgleich zwischen längeren Sitzungen schaffen oder eine eigenständige Praxis darstellen. Yoga-Stellungen fördern außerdem die Beweglichkeit und erleichtern das aufrechte Sitzen (Ott, 2013).

Unabhängig von diesen meditativen Verfahren können Sie auch die normale Fortbewegung im Alltag zur Übung von Achtsamkeit für sich nutzen. Überlegen Sie, welche Wege Sie im Lauf eines Tages zu Fuß zurücklegen: innerhalb Ihrer Wohnung, auf dem Weg zur Arbeit, beim Einkaufen etc. Schreiben Sie insbesondere wiederkehrende Wege auf, die zu Ihrer täglichen Routine gehören.

Wählen Sie dann als Nächstes eine Wegstrecke aus, die Sie für die Übung von Achtsamkeit nutzen möchten. Wenn Sie diese Wegstrecke das nächste Mal gehen, dann richten Sie Ihre Aufmerksamkeit dabei auf die Empfindungen in Ihrem Körper, die das Gehen begleiten, auf das Abrollen der Fußsohlen, auf den Rhythmus der Gewichtsverlagerungen zwischen der linken und rechten Seite. Gehen Sie dazu etwas langsamer als sonst, damit Sie genug Zeit haben, alle Details beim Gehen bewusst wahrzunehmen.
Unternehmen Sie zur Vorbereitung schon jetzt einen kleinen »Testlauf«, bei dem Sie so langsam gehen, wie Sie das später auf der ausgewählten Strecke tun möchten. Variieren Sie Ihre Geschwindigkeit, um herauszufinden, welches Tempo für Sie optimal ist.

Wenn Sie merken, dass Sie langsamer gehen müssten, als Sie das in der Öffentlichkeit tun möchten, dann wählen Sie zum Üben zunächst eine Wegstrecke in Ihrer Wohnung. Mit der Zeit werden Sie lernen, zugleich bewusst und fast mit normaler Geschwindigkeit zu gehen.
Wählen Sie am Beginn des Weges einen Startpunkt für die Übung aus und prägen Sie sich diesen ein. Vielleicht gibt es eine markante Wegmarke, eine Türschwelle, einen Baum oder etwas in der Art, das Sie an die Übung erinnert. Wenn Sie diesen Startpunkt passieren, beginnen Sie mit dem achtsamen Gehen. Betrachten Sie die Wegstrecke dabei nicht als Mittel zum Zweck, nämlich Ihren physischen Körper von A nach B zu bringen, sondern legen Sie den Fokus der Aufmerksamkeit auf den gegenwärtigen Moment. Achten Sie darauf, dass Sie nicht in Gedanken vorauseilen und planen, was Sie tun werden, wenn Sie das Ziel erreicht haben: Bei dieser Übung ist der Weg selbst

das Ziel beziehungsweise das bewusste Gehen auf diesem Weg.

Eine andere Variante dieser Übung besteht darin, dass Sie die Aufmerksamkeit nicht auf Ihre Körperempfindungen richten, sondern auf die Umgebung. Wählen Sie dazu am besten eine Wegstrecke aus, die draußen liegt, weil Sie dann zahlreichen Reizen ausgesetzt werden, die sich mit der Wetterlage, der Tages- und Jahreszeit verändern.

Machen Sie auch hierzu eine kurze Vorübung, zu der Sie gegebenenfalls Ihre Wohnung verlassen, um beispielsweise den Abfall zur Mülltonne zu bringen. Falls Sie das bisher als eine lästige Pflicht empfunden haben, bietet sich hier die Gelegenheit, eine anspruchsvolle Achtsamkeitsübung daraus zu machen. Lästige Routineaufgaben erledigen wir typischerweise widerwillig und so schnell wie möglich, um uns wieder angenehmeren Beschäftigungen widmen zu können. Sie haben es selbst in der Hand, Ihre Einstellung zu ändern und aus der Abfallentsorgung ein interessantes Wahrnehmungsexperiment zu machen. Falls dazu gerade keine Notwendigkeit bestehen sollte, können Sie ersatzweise auch einen Blick in den Briefkasten werfen oder einen kurzen Spaziergang unternehmen.

Der entscheidende Punkt bei dieser Übung ist, dass Sie den Weg so gehen, als ob Sie ihn *das erste Mal in Ihrem Leben* gehen würden, das heißt, Sie schauen sich wirklich um, was Sie sehen, Sie hören auf alle Geräusche und nehmen etwaige Gerüche wahr. Mit anderen Worten, Sie üben eine Haltung, die im Zen als *Anfängergeist* bezeichnet wird. Machen Sie sich frei von allen Erwartungen und lassen Sie sich überraschen, was Sie auf Ihrem Weg entdecken.

Besonders beeindruckend ist diese Übung, wenn Sie sich etwas mehr Zeit für sie nehmen und eine längere Wegstrecke in einer schönen Landschaft auswählen, beispielsweise durch den Wald oder entlang eines Gewässers. Wie empfänglich sind Sie für die Schönheit der Natur?
Die Meditationen in diesem Buch zielen vor allem darauf ab, die Innenwahrnehmung und die Verbundenheit mit sich selbst zu steigern. Ein anderer Aspekt von Spiritualität ist die (horizontale) Verbundenheit mit der Natur und der sozialen Mitwelt (siehe Einführung). In einer aktuellen Studie zu Erfahrungen, die Meditierende im Zusammenhang mit ihrer Praxis machen, zeigt sich, dass die Sensibilität in mehreren Bereichen zunehmen kann (ausgewählte Aussagen eines noch nicht veröffentlichten Fragebogens meiner Arbeitsgruppe):

- Mein Gespür für meine eigenen Emotionen nahm stark zu.
- Mein Einfühlungsvermögen für andere Menschen nahm stark zu.
- Meine Sinneswahrnehmung wurde viel feiner.

Meditation und Achtsamkeit sind also keineswegs nur nach innen gerichtet, sondern entfalten auch Wirkungen auf die sinnliche Wahrnehmung der Umwelt. Ausgedehnte Spaziergänge an der frischen Luft durch die Natur bilden eine ideale Ergänzung zur Innenschau während der stillen Meditation. Sie können dabei den Fokus abwechselnd auf die Empfindungen beim Gehen und auf die Wahrnehmungen der Außenwelt richten (Wind, Wärme der Sonne, Geruch von Bäumen und Gräsern, Plätschern von Wasser, Gezwitscher von Vögeln etc.). Nachdem Sie mehrere Male den Fokus hin und her gewechselt haben, können Sie schließlich versuchen, Ihren Körper und die Außenwelt gleichzeitig als ein Gesamtgeschehen wahrzunehmen, und sich vielleicht sogar als eins mit der Natur erfahren.

Unabhängig von ihrem potenziellen Nutzen als spirituelle Übung zur Steigerung der Verbundenheit mit der Natur leistet ausreichende körperliche Bewegung einen wichtigen Beitrag zur Erhaltung der Gesundheit. Aufgrund der vorliegenden wissenschaftlichen Studienlage wird empfohlen, dass Erwachsene mindestens 150 Minuten pro Woche (zum Beispiel 5 mal 30 Minuten) körperliche Aktivität mit moderater Intensität durchführen (Rütten & Pfeifer, 2016, S. 32). Ergänzen Sie die Praxis der stillen Meditation also am besten mit regelmäßiger Bewegungsaktivität, wie zum Beispiel Wandern, Radfahren oder Schwimmen, die Sie ebenfalls mit einer achtsamen Haltung ausführen.
Geistiges Training, gesunde Ernährung und körperliche Aktivität bilden drei wichtige Säulen für die körperliche und geistige Gesundheit bis ins hohe Alter. Ein weiterer wichtiger Faktor sind soziale Beziehungen, die in den beiden letzten Kapiteln thematisiert werden.

Kommunikation

Meditation ist typischerweise mit einem Rückzug aus sozialen Bezügen verbunden. Besonders deutlich ist dies bei Retreats, die manchmal über viele Tage in völligem Schweigen vollzogen werden. Dieser Rückzug dient der Besinnung auf sich selbst, auf die eigene Innenwelt. Auch bei den in diesem Buch vorgestellten Meditationen geht es in erster Linie um eine Wendung nach innen.
Bei der Übung dieser Meditationen werden Sie feststellen,

dass Sie weiterhin einen Großteil der Zeit kommunizieren, und zwar in Form von Selbstgesprächen, inneren Dialogen, bei denen Sie über alle möglichen Themen nachdenken. Durch die Praxis der Meditation wird Ihnen Ihr eigenes Denken bewusster, denn es kommt Ihnen immer wieder in die Quere, wenn Sie sich eigentlich auf etwas anderes konzentrieren möchten. Die Mantren der ersten Meditation sind zwar ein mächtiges Werkzeug, um das Denken zu zähmen und zu lenken, aber es wird sich bei jeder Gelegenheit wieder einschalten. Das ist völlig normal.

Eine sehr interessante Übung besteht darin, nichts zu tun, außer die eigenen Gedanken zu beobachten. Dies entspricht der Meditation des offenen Gewahrseins mit einem Fokus auf Gedanken. Sie erinnern sich gewiss an die entsprechende Technik in den Top Ten: »beobachten, wie Gedanken im Geist entstehen, ohne daran zu haften«. Machen Sie einen kleinen Selbstversuch, bei dem Sie der Frage nachgehen, woher Ihre Gedanken kommen. Wie entstehen Ihre Gedanken? Lehnen Sie sich innerlich bequem zurück, als ob Sie im Zuschauerraum eines Theaters sitzen würden, und beobachten Sie, was auf Ihrer inneren Bühne an Gedanken auftaucht.

Erstaunlicherweise führt diese Übung oft erst einmal dazu, dass die Bühne für eine Weile leer bleibt. Fast könnte man meinen, dass sich die Gedanken nicht trauen, auf die Bühne zu kommen! Warten Sie in diesem Fall ab. Fangen Sie vor allem nicht an, darüber nachzudenken, warum keine Gedanken kommen, sondern bleiben Sie ein stiller Beobachter. Wenn dann doch irgendwann ein Gedanke kommt, dann untersuchen Sie seine Wurzel, das Motiv, aus dem heraus der Gedanke in Ihnen entstanden ist. Geht es um ein physiologisches Bedürfnis, eine Körperempfindung oder ein Gefühl? Kreist der Gedanke um ein vergangenes Ereignis, das Sie noch beschäftigt, oder um das, was Sie später vielleicht noch vorhaben, wenn diese Übung vorüber ist? Wiederholen Sie, wenn Sie möchten, diese Übung noch ein weiteres Mal, um die Motive Ihrer Gedanken genauer zu untersuchen.

Diese Übung können Sie dafür nutzen, sich mit Ihren eigenen Gedanken und den ihnen zugrunde liegenden Motiven vertraut zu machen. Der nächste Schritt besteht dann darin, auch jene Gedanken zu beobachten, die Sie tatsächlich aussprechen, wenn Sie mit Ihren Mitmenschen kommunizieren. Nehmen Sie sich vor, bei den nächsten Gesprächen, die Sie führen, genau darauf zu achten, was Sie sagen und warum beziehungsweise wozu Sie es sagen. Dabei ist es sehr hilfreich, vier Ebenen der Kommunikation zu unterscheiden (siehe Schulz von Thun, 2011):

- **Sachebene:** Worüber will ich jemanden informieren?
- **Selbstoffenbarung:** Was will ich von mir offenbaren?
- **Beziehung:** Wie stehe ich zu meinem Gegenüber, was halte ich von ihr oder von ihm?
- **Appell:** Was will ich von jemandem?

Welche Motive Ihren Äußerungen zugrunde liegen, können Sie auch daran erkennen, welche Reaktionen Sie von Ihrem Gegenüber erwarten oder sich zumindest wünschen. Was wollen Sie mit dem, was Sie sagen, erreichen? Und wie gut gelingt Ihnen das? Beachten Sie dabei, dass eine Aussage

mehrere Ebenen betreffen kann. Wenn Sie beispielsweise mitteilen, dass es heute an Ihrer Arbeitsstelle extrem viel zu tun gab, ist vermutlich die vordergründige Sachebene weniger relevant als der indirekte Hinweis darauf, dass Sie sehr erschöpft sind und sich eventuell etwas Rücksichtnahme und Fürsorge wünschen.
Vielleicht fällt Ihnen jetzt etwas ein, das Sie demnächst jemandem sagen möchten – das kann auch etwas Banales sein. Sie können dann eine Art Trockenübung machen und sich lediglich vorstellen, was Sie sagen werden, wie Sie es sagen werden und wann. Wann wäre der richtige Zeitpunkt dafür, oder spielt das keine Rolle?

Sicherlich haben Sie schon des Öfteren die Erfahrung gemacht, dass eine Kommunikation nicht den gewünschten Verlauf nimmt. Zwei Menschen reden sozusagen aneinander vorbei, und es kommt zu Missverständnissen. Das kann daran liegen, dass sich die Beteiligten nicht klar ausdrücken, oder auch daran, dass sich die beiden Gesprächspartner nicht richtig zuhören. Und »richtig zuhören« würde doch meistens bedeuten: aufmerksam, einfühlsam und unvoreingenommen zuhören.
Dieselbe Haltung, die Sie lernen, in der Meditation sich selbst gegenüber einzunehmen, kann auch die Kommunikation mit Ihren Mitmenschen erheblich verbessern! Meditation schult die Fähigkeit, die Aufmerksamkeit auf die Gegenwart zu richten, sowie das Einfühlungsvermögen anderen gegenüber (siehe vorheriges Kapitel). Unvoreingenommenheit bedeutet, dass Sie ohne Erwartungen und Bewertungen das wahrnehmen, was ist, und es auch so annehmen, wie es ist. Dies alles sind elementare Bestandteile einer achtsamen Haltung.

Der Alltag bietet Ihnen sehr viele Gelegenheiten, sich in achtsamer Kommunikation zu üben: achtsames Zuhören und achtsames Sprechen. So, wie Sie während der Meditation in sich einen offenen Raum der Bewusstheit schaffen, so können Sie auch bei einem Gespräch genau auf das hören, was Ihr Gegenüber Ihnen mitteilt, auf allen oben genannten Ebenen. In einem Gespräch können Sie diesen Raum realisieren, indem Sie Ihr Gegenüber ausreden lassen. Fallen Sie nicht ins Wort und ziehen Sie keine voreiligen Schlüsse, sondern hören Sie erst einmal zu und fragen Sie bei Unklarheiten besser nach.
Probieren Sie aus, welche Wirkung es auf ein Gespräch hat, wenn Sie bewusst Pausen machen – zum Nachdenken, vor dem Antworten, vor dem Formulieren einer eigenen Frage. Das kann für beide Gesprächspartner sehr hilfreich sein. Scheuen Sie sich nicht, Pausen zuzulassen und auszuhalten. Sie brauchen nicht immer sofort zu antworten. In der Stille und Ruhe der Pausen kann viel passieren (bei beiden), und es kommen oft nicht nur »bessere« Antworten und Fragen heraus, sondern man fühlt sich auch ernster genommen, wenn sich der andere Zeit nimmt, um das Gesagte zu verstehen und sich seine nächsten Worte zu überlegen. Das ist ein bisschen wie das Besteck-Hinlegen zwischen zwei Bissen.
In Gesprächen kann es auch leicht dazu kommen, dass Sie in eine Rolle gedrängt werden. Gerade nach der Meditation wird Ihnen das verstärkt bewusst werden, wenn Sie ganz im Reinen mit sich sind und sich authentisch fühlen, das heißt in völliger Übereinstimmung mit sich selbst. Versuchen Sie, diese Authentizität zu bewahren, wenn Sie anderen Menschen begegnen, und Rollenspiele zu vermeiden (siehe Berne, 2012).
Versuchen Sie auch in Situationen, in denen es nur zu einem kurzen Kontakt kommt und klare Rollenvorgaben bestehen,

etwa an der Supermarktkasse, Ihr Gegenüber nicht auf Funktionalität zu reduzieren, sondern den Menschen zu sehen und wenigstens kurz Augenkontakt aufzunehmen.
Intensive Gespräche mit anderen Menschen sind Gelegenheiten, bei denen eine große Intimität und Verbundenheit entstehen kann. Nehmen Sie sich Zeit für solche tiefen Begegnungen, die oft mit einer meditativen Atmosphäre einhergehen, weil hier das Innerste offen mitgeteilt, betrachtet und zwischen den Teilnehmenden gespiegelt wird, wie dies auch bei der Selbstreflexion während der Meditation geschieht.

Resümee

Ernährung, Bewegung und Kommunikation machen einen großen Teil unseres Alltags aus. Sie können jede Mahlzeit zur Übung von Achtsamkeit nutzen, indem Sie sich Zeit nehmen und von Moment zu Moment spüren, wie das schmeckt, was Sie essen. Nachdem Sie beim Gehen anfangs mit einer ausgewählten Strecke geübt haben: Warum nicht alle Wege, die Sie täglich zurücklegen, achtsam gehen? Auch das Autofahren eignet sich übrigens hervorragend, um Achtsamkeit zu üben (McDonald, 2011) – natürlich nur mit offenen Augen! Und schließlich bietet jeder zwischenmenschliche Kontakt im Lauf eines Tages eine Gelegenheit für achtsames Kommunizieren.
Auf diese Weise kommt es zu einem stetigen Wechselspiel zwischen der Besinnung in der Stille während der formellen Praxis der Meditation und den aktiven Tätigkeiten im Alltag. Beobachten Sie, wie Ihr Alltag die Qualität Ihrer Meditation beeinflusst und wie umgekehrt auch die Meditation in den Alltag hinein Wirkungen entfaltet. Mehr Achtsamkeit

und Bewusstheit können sich auf alle Handlungsfelder auswirken, beispielsweise auch auf ein nachhaltigeres, ökologisch verantwortungsvolleres Konsumverhalten oder auf das soziale Engagement. Die ethische Einbettung von Meditation, die im Buddhismus und Yoga eine große Rolle spielt (Ott, 2013), ist inzwischen ein wichtiger Gegenstand der wissenschaftlichen Forschung zu Achtsamkeit geworden, zu dem in den letzten Jahren bereits mehrere Handbücher erschienen sind (Monteiro et al., 2017; Purser et al., 2017; Stanley et al., 2018).

Liebe und Sexualität

Der Bereich, dem wir uns in diesem letzten Kapitel zuwenden, unterscheidet sich in mehrfacher Hinsicht von den bisher behandelten Themenfeldern. Jeder Mensch isst, bewegt sich und kommuniziert normalerweise jeden Tag, aber nicht alle Menschen leben in einer intimen Liebesbeziehung. Wie bereits in der Einführung erwähnt, kann die große Verbundenheit und Nähe zwischen Liebenden als eine Form spirituellen Erlebens verstanden werden.

Über das achtsame Essen, Gehen und Kommunizieren lässt sich auch leichter schreiben als über Sexualität, da explizite Übungsanleitungen einen Intimbereich betreffen, der noch immer tabuisiert und häufig mit Schamgefühlen besetzt ist. Hier scheint sich allerdings eine Wende zu vollziehen, denn auch in den Mediatheken öffentlich-rechtlicher Sender sind inzwischen Beiträge zu einschlägigen Themen zu finden (derzeit beispielsweise: »Mehr Achtsamkeit im Bett« oder »Unter Nackten: Tantra und die Suche nach Veränderung«). Im Vergleich zu anderen Tätigkeiten, selbst wenn diese achtsam ausgeführt werden, hat sexuelle Aktivität ein größeres Potenzial, spirituelle Erfahrungen auszulösen, bei denen sich das normale Ichbewusstsein, Raum- und Zeitgefühl auflösen und eine Vereinigung nicht nur auf körperlicher Ebene, sondern auf allen Ebenen des Seins erfahren werden kann (physisch bis spirituell; siehe vertikale Achse in Phase 3 der dritten Meditation).

In vielen spirituellen Traditionen ist das Verhältnis zum Thema Liebe und Sexualität allerdings höchst ambivalent. So kann einerseits die Liebe zum Göttlichen verherrlicht werden, während andererseits Sexualität als niedere »Fleischeslust« und als abträglich für die spirituelle Entwicklung betrachtet wird. Forderungen nach sexueller Enthaltsamkeit sind ebenso anzutreffen wie die Ausübung sexueller Handlungen als integraler Bestandteil eines spirituellen Übungswegs, insbesondere im Tantra (Anand, 1995; Odier, 2016; Saraswati & Avinasha, 2015).

Die in der Einführung vorgestellte Konzeption von Spiritualität als Ausdruck von horizontaler oder vertikaler Verbundenheit (nach Bucher, 2014), bei der das Göttliche vertikal oben angesiedelt wird, ist aus Sicht des Tantra insofern irreführend, als hier alles als Manifestation des Göttlichen angesehen wird, sowohl das eigene Selbst (vertikal unten) als auch der Mitmensch (horizontal), mit dem die sexuelle Vereinigung vollzogen wird (Wallis, 2013).

Auch in der Alltagssprache finden wir Hinweise auf eine solche Sicht, wenn ein Mann beispielsweise von seiner »Angebeteten« spricht oder es heißt, dass er seine Frau vergöttere oder abgöttisch liebe. Im Yoga begegnen wir inbrünstigen Liebesbekundungen häufig in Bezug auf den auserwählten Guru, der nicht als Person, sondern quasi stellvertretend für das Göttliche verehrt wird (zu psychologischen Mechanismen des Guru-Prinzips siehe Ott, 2013, S. 90).

Als Skeptikerin oder Skeptiker geht es Ihnen vielleicht ähnlich wie mir: Mich haben die Liebesbekundungen gegenüber einem Guru, die mir in vielen Yogabüchern begegnet sind, irritiert und befremdet. Die vollkommene Identifikation und Selbstaufgabe, die sich darin ausdrückt, erschien mir ebenso fragwürdig wie die Lobpreisungen Gottes in Liedern, mit denen ich in der christlichen Kirche konfrontiert wurde. Derartige Lieder mitzusingen, ohne die Gefühle tatsächlich zu empfinden, die darin bekundet werden, empfand ich als heuchlerisch und äußerst unangenehm.

Wie erleben Sie den Zusammenhang zwischen Liebe und Spiritualität? Wenn Sie die verschiedenen Arten der Verbundenheit nach Bucher (2014) betrachten: Fühlen Sie Liebe zu (1) Gott, (2) sich selbst, (3) Natur und Kosmos, (4) einigen Ihrer Mitmenschen? Sehen Sie alles als Manifestation des Göttlichen an, einschließlich sich selbst? Wen oder was lieben Sie am stärksten? Und geht diese Liebe mit einer Verbundenheit einher, die eine spirituelle Qualität für Sie hat? Kann es eine Spiritualität ohne Liebe geben? Nehmen Sie sich etwas Zeit, um über diese Fragen zu reflektieren und sich Ihre Gedanken dazu zu notieren.

Sie können Meditation auch praktizieren, um sich zu entspannen, Ihr Körperbewusstsein zu steigern und Ihre Aufmerksamkeit zu trainieren. Wenn Sie länger praktizieren und zunehmend tiefere Erfahrungen machen, werden jedoch mit einiger Wahrscheinlichkeit auch emotionale Erfahrungen auftreten, wie sie der vierte Tiefenbereich nach Piron (2020) – essenzielle Qualitäten – beinhaltet: Liebe, Hingabe, Demut, Gnade, Dankbarkeit, Freude.

In der empirischen Forschung zu mystischen Erfahrungen tauchen positive Emotionen regelmäßig als ein wesentlicher Faktor und bestimmendes Merkmal solcher Erfahrungen auf (MacLean et al., 2012). Auch in dem bereits erwähnten eigenen Fragebogen, der auf der Grundlage von Interviews mit Meditierenden entwickelt wurde, zeigen sich Gruppen von Aussagen, die diesen Zusammenhang unterstützen:

- Ich fühlte mich eins mit allem.
- Ich verlor das Zeitgefühl.
- Ein Gefühl der Liebe durchflutete mich.
- Mein Bewusstsein schien sich in den Raum auszudehnen.
- Ich hatte das Gefühl, dass sich meine gewohnte Ich-Struktur auflöste.

Wenn Sie bisher selbst noch keine spirituellen Erfahrungen gemacht haben, die mit starken Liebesgefühlen verbunden waren, sich jedoch dafür interessieren, dann können Sie in der Literatur zahlreiche eindrückliche Schilderungen von solchen Erfahrungen finden (Marshall, 2005). Die Bedeutung der Liebe für eine lebendige Spiritualität wird besonders im Sufismus, der mystischen Ausprägung des Islam, betont. Dschalaluddin Rumi, der weithin bekannte persische Dichter und Begründer des Ordens der tanzenden Derwische, hat der Liebe zahlreiche Gedichte gewidmet. In einem packenden, zeitgenössischen Roman werden seine zentralen Einsichten über die Liebe anschaulich vermittelt (Shafak, 2017).

Um Ihnen die tiefen Gefühle der Liebe, die spirituelle Erfahrungen begleiten können, zu veranschaulichen und nahezubringen, gebe ich im Folgenden Auszüge aus einem Briefwechsel wieder, der noch nicht lange zurückliegt. Besondere Relevanz erhält dieser Austausch dadurch, dass es sich bei der betroffenen Person um eine ausgesprochene Skeptikerin handelte. Sie hatte sich auf der Suche nach Hilfe an mich gewandt, weil sie im Verlauf einer Reiki-Einwei-

hung unerwartet und unfreiwillig eine spirituelle Öffnung erfahren hatte, unter deren Nachwirkungen sie litt. Reiki ist eine aus Japan stammende Lehre, bei der beim Auflegen der Hände eine universelle Lebensenergie aktiviert werden soll, um Heilungsprozesse in Gang zu setzen.
Einige Angaben zur Person wurden entfernt (...) oder durch weniger konkrete Angaben (in eckigen Klammern []) ersetzt. Außerdem wurden einige Rechtschreibfehler korrigiert, um den Lesefluss und die Verständlichkeit nicht zu beeinträchtigen. Wenn Sie den nachfolgenden Text lesen, dann achten Sie bitte besonders auf jene Stellen, in denen es um Liebe geht.

E-Mail vom 13. Februar 2017, Betreff: Hilfe

Sehr geehrter Dr. Ott,

ich heiße ..., bin [~40] Jahre alt und komme aus ... Seit [einigen Jahren] wohne ich in Deutschland, und mein Deutsch ist nicht so gut. Ich entschuldige mich dafür.

Ich schreibe Ihnen, weil ich Hilfe brauche, und ich hoffe, dass Sie mir helfen können.

Meine Geschichte beginnt vor [einigen] Jahren. Damals arbeitete ich in ... (Ich bin ... von Beruf.) Ich hatte starke Kopfschmerzen, und Arzneimittel haben mir nicht geholfen. Eine Kundin merkte, dass es mir schlecht geht, und hat mir gesagt, dass es eine Methode gibt, die mir helfen kann – Reiki. Ich glaube nicht an Gott und habe keine religiösen Kenntnisse. Aber meine Kopfschmerzen waren zu stark, und so habe ich »Okay« gesagt. Nach der Initiation in das erste Niveau sind in zwei Wochen meine Schmerzen weggegangen. Danach ließ ich die zweite Initiation machen, und seitdem hat sich mein Leben total verändert.

Während der zweiten Initiation habe ich einen »Traum« geträumt: Ich bin ein Kind und laufe in einem Wald. Es gibt ein Gebirge, und auf der Spitze steht eine runde Kirche mit großen Fenstern. Die Sonne scheint durch die Fenster. Ich gehe rein, und es gibt zwei Stühle. Ich setze mich auf einen. Plötzlich kommt ein Wesen, drei Meter groß, aus Licht, und nimmt mich in die Arme. Ich fühle eine Ruhe und Frieden.
- Hi, sagte das Wesen.
- Hi, sagte ich.
- Es ist Zeit, dass du alles verstehst. Wir danken dir, dass du gewählt hast, auf der Erde zu leben. Du bist Licht, und es ist die Zeit gekommen.
Danach hat sie mich durch einen Vorhang mitgenommen, und da gab es ein großes Licht. Es war ohne Ende. Ich fühlte nur eine große Ruhe und auch Liebe. Dieses Licht hatte kein Geschlecht – es war neutral.
- Wer bist du?, fragte ich.
- Ich bin Gott, All, Energie, Licht ...
Er/Sie hat mehr als 100 Namen gesagt.
- Du bist wie ich, und es ist Zeit, alles zu wissen. Ich gebe dir die Kenntnisse des Alls. Du lernst schnell. Manche Leute brauchen viele Leben, das zu lernen, was du in Minuten lernen kannst. Ich danke dir, dass du uns hilfst, das Leben zu schützen. Ich werde dir nicht das Ganze auf einmal zeigen, weil du sonst verrückt wirst. Das Gehirn der Menschen kann nicht die echte Liebe auf einmal ertragen.
- Nein, sagte ich. Ich will nicht. Sie haben den falschen Menschen gewählt. Ich glaube nicht an Gott und lassen

Sie mich in Ruhe. Geben Sie das jemand anderem. Sie haben einen Fehler mit mir gemacht.
- Wenn du etwas wüsstest, würdest du das nie glauben. Die Zeit ist gekommen.
Und er/es hat mir trotzdem etwas gegeben, und die Initiation war beendet.

Ich erschreckte mich. Was macht dieses Reiki?! Ich bin verrückt, dachte ich.

Seitdem habe ich viele neue Empfindungen und Gefühle. Die Natur spricht mit mir. Meine Intuition ist erhöht. Und das ist mein Problem. Ich will nicht diese Empfindlichkeit für die Welt. Sie stört mich. Ich fühle, warum die Menschen krank sind. Ich liebe die Leute, aber ich kann ihnen nicht sagen: Du bist krank, weil du Angst hast oder weil du das Leben hasst oder weil du deinen Körper nicht akzeptierst ...

Das ist wirklich verrückt. Wie kann ich diese Energie stoppen? Können Sie mir helfen? Ich habe keine Kraft mehr, dagegen zu kämpfen. Ich wohne in einem Land, wo die Leute von Emotionen und Liebe operiert sind. Alle um mich herum sprechen nur über Geld und sind kalt. Sie lächeln, weil sie müssen, und nicht, weil sie froh sind. Das macht mich krank. Ich fühle das falsche Lachen und sogar die Gedanken der Leute. Wenn man in die Augen der Menschen blickt, sieht man den Tod. Da gibt es kein Leben. Ich träume regelmäßig von dem Licht, das mich immer noch lehrt, was das Leben ist und wie man leben kann, damit unser Bewusstsein erhöht wird ... Kennen Sie eine Methode, die mir hilft, diese Energie nicht mehr zu sehen oder zu fühlen?

Ich bedanke mich, dass Sie alles gelesen haben. Entschuldigen Sie noch einmal mein Deutsch.

Mit freundlichen Grüßen

...

Im Rahmen meiner Forschungstätigkeit erhalte ich des Öfteren E-Mails von Menschen, die sich an mich wenden, weil sie im Zuge ihrer Meditationspraxis ungewöhnliche Erfahrungen machen und dann nach wissenschaftlichen Erklärungen dafür suchen oder um Ratschläge bitten, wie sie damit umgehen können. Bereits am nächsten Tag beantwortete ich die E-Mail wie folgt.

E-Mail vom 14. Februar 2017

Liebe Frau ...,

als Erstes möchte ich Ihnen für das Vertrauen danken, das Sie mir entgegenbringen, ohne dass wir uns persönlich kennen. Wie sind Sie darauf gekommen, Kontakt zu mir aufzunehmen? Vielleicht könnten Sie dazu kurz etwas schreiben.

Die Erlebnisse, die Sie schildern, kann ich sehr gut nachvollziehen. Viele Menschen praktizieren solche Methoden mit dem Ziel, genau das zu erreichen, was Ihnen widerfahren ist. Zunächst sind Ihre Schmerzen verschwunden, dann haben Sie Ruhe und Frieden sowie Licht und Liebe erfahren. All dies sind positive Effekte, über die sich normalerweise jeder freut.

Die erhöhte Intuition, Verbindung mit der Natur und Fähigkeit, die Krankheiten von Menschen zu spüren sowie falsche Emotionen zu durchschauen – all das wird oft ebenfalls als eine positive Wirkung angesehen. Sie hingegen sehen die Intuition als Problem an, möchten nicht so empfindsam sein, sondern die Energie stoppen, weil sie Ihnen unangenehm ist.

Personen, die sehr intensiv meditiert haben, geht es manchmal ähnlich wie Ihnen. Um die übermäßige Energie einzudämmen, wird dann empfohlen, beispielsweise schweres Essen zu sich zu nehmen (Fleisch, Klöße etc.) und sich mit praktischen Tätigkeiten zu beschäftigen (Gartenarbeit) oder viel in der Natur aufzuhalten (Spaziergänge im Wald). Dadurch nimmt die Sensibilität ab, und das natürliche Umfeld wirkt beruhigend.

Sie können das ausprobieren. Allerdings würde ich Ihnen zudem raten, Ihre Einstellung zu den Wahrnehmungen, die Sie machen, zu überdenken. Nicht alle Menschen, denen Sie begegnen, werden falsch oder innerlich tot sein. Die erhöhte Wahrnehmung kann Ihnen dabei helfen, ehrliche, lebendige Menschen mit positiver Ausstrahlung zu finden, ein warmes Umfeld zu schaffen, in dem Sie sich wohlfühlen.

In meinem persönlichen Umfeld leben Menschen mit einer vergleichbaren Intuition und Feinfühligkeit. Diese Gabe kann manchmal ein Fluch sein, aber oft auch ein Segen. Ich würde Ihnen empfehlen, sie anzunehmen, zu akzeptieren und die positiven Seiten zu sehen. Auch wenn Sie die Ursache von Krankheiten wahrnehmen können – Sie müssen das nicht jedem gleich mitteilen, sondern können lernen, es so sein zu lassen, wie es ist, und nur dann eine Rückmeldung zu geben, wenn der jeweilige Mensch bereit dafür ist.

Sie wehren, sträuben sich gegen die Öffnung, die durch die Initiation in Gang gesetzt wurde, als ob es etwas Fremdes wäre. Tatsächlich sind diese Erfahrungen jedoch Ihre Erfahrungen, es wurde etwas dadurch in Ihnen geweckt, was zu Ihnen gehört, auch wenn es nicht zu dem Konzept passt, das Sie von sich haben. Sie können lernen, mit dieser erhöhten Sensibilität umzugehen und die Energie dafür einzusetzen, sich selbst abzuschirmen, als ob sie von einer schützenden Hülle umgeben wären.

Wenn Sie möchten, können Sie mich gerne persönlich besuchen. Dann kann ich selbst mit Ihnen sprechen und Kontakt zu Menschen herstellen, die viel Erfahrung im Umgang mit solchen Phänomenen haben. Wir könnten zunächst auch gerne telefonieren oder ein Gespräch via Skype führen. Wenn Sie mir schreiben, in welcher Region in Deutschland Sie leben, dann kann ich Ihnen vielleicht Ansprechpartner direkt vor Ort nennen.

Auf jeden Fall möchte ich Sie ermutigen, Ihre Erfahrungen, so schmerzhaft sie Ihnen jetzt auch erscheinen mögen, nicht nur als störend und negativ zu bewerten, sondern auch die positiven Seiten zu sehen. Oft erweisen sich solche Phasen im Rückblick als etwas Gutes, nachdem sie zu persönlichem Wachstum geführt haben und integriert wurden.

Mit herzlichem Gruß

Ulrich Ott

Diesen ersten beiden E-Mails folgten weitere. So teilte mir die Hilfesuchende mit, dass sie in einem Artikel über Meditation in einer ausländischen Zeitung auf meinen Namen gestoßen war. In ihrer Verzweiflung hatte sie dann noch spät am Abend ihren Hilferuf an mich geschickt, ohne damit zu rechnen, dass sie überhaupt eine Antwort erhalten würde.
Im Verlauf der weiteren E-Mail-Korrespondenz entwickelte sich ein stabiles Vertrauensverhältnis. Unter anderem schickte ich ihr Bücher über Meditation und Yoga, die Hintergrundwissen und praktische Anleitungen vermittelten. Die Hilfesuchende nahm diese Unterstützung gerne an, begann zu meditieren, und die anfänglich starke Ablehnung gegenüber der erhöhten Intuition und »Energie« nahm allmählich ab.
Ein persönlicher Besuch kam aufgrund der räumlichen Distanz jedoch zunächst nicht zustande. Der weitere Austausch beschränkte sich ausschließlich auf gelegentliche E-Mails, in denen sie mich über aktuelle Entwicklungen informierte und ich zu auftauchenden Fragen Stellung bezog.
Ein halbes Jahr später erhielt ich dann die folgende E-Mail, die mich tief berührte. Aber lesen Sie selbst.

E-Mail vom 14. August 2017, Betreff: Bewusstsein

Lieber Dr. Ott,

in mir läuft eine Transformation des Bewusstseins, unabhängig davon, ob ich diesen Prozess will oder nicht. Die »alten« Kenntnisse der Welt, die ich hatte, sind jetzt in diesem neuen Bewusstsein gelöscht. Die Wünsche, die Träume, der Alltag, die Ziele ... sind nicht mehr da. Mein Kopf ist leer. Die Erinnerungen, die Schmerzen aus meiner Vergangenheit sind auch nicht mehr da. Sie haben sich irgendwie gelöscht. Ich habe keine Vergangenheit mehr und auch keine Pläne für die Zukunft. Die Emotionen sind weg. Ich fühle nur eine Verbundenheit mit dem Ganzen. Die Gedanken sind weg. Es sieht so aus, als ob jemand alles, was ich von der Welt weiß, in der Nacht aus meinem Kopf gelöscht hat.

Ich kann nichts Schlimmes denken, schreiben oder tun. Sogar kann ich mich nicht hassen. Es gibt ein tieferes Verständnis für das feine Energie-System in der Welt. Ich fühle mich wie ein Schöpfer des Lebens, im guten Sinne des Wortes, und auch gibt es ein tiefes Verständnis, dass ich als Schöpfer eine Verantwortung dafür trage, dass mein Inneres ganz rein ist, weil ich bewusst bin und weiß, dass jeder meiner Gedanken, Worte und Taten die Welt beeinflussen wird. Deshalb kann ich sogar nichts Schlimmes gegen das Leben machen – lügen, andere unterdrücken ...

Es gibt eine Liebe und das Verständnis, dass ich andere unterstützen sollte. Aber ich fühle mich wie ein Elternteil, das mit einer großen Geduld und Liebe dem Kind zeigt, dass die Welt wunderschön ist und dass es wie ich ist. Es gibt eine Erinnerung – ich bin ein Teil von dem Licht, das hierhergekommen ist, um das Leben zu unterstützen und die unbegrenzte Liebe auf die Erde zu bringen. Das Leben und die Schwierigkeiten, die ich bis jetzt kannte, sind verschwunden, denn ich fühle und sehe alle und alles unterschiedlich. Ich fühle mein erstes Treffen mit dem Licht. Die Energie und die Kenntnisse, die sie mir damals gegeben hat. Die Wörter »Du bist Licht. Ich danke dir, dass du gewählt hast, uns und der Erde zu helfen ...«
Damals konnte ich nicht verstehen, was diese Wörter bedeuten, aber heute ist es mir ganz klar.

Es gibt ein Vertrauen und Verständnis des Alls.

Dr. Ott, alles, was ich schätze, hat schon keine Bedeutung mehr für mich.
Sogar jetzt, wenn ich Ihnen schreibe, die Ansicht der Wörter ist anders, weil nicht ich schreibe, es schreibt der Schöpfer. Mein Kopf ist leer.

Ich fühle nur die tiefe, ewige Ruhe überall und eine Freude, dass ich jetzt in diesem Augenblick bin, um zu leben und die Energie, die ich habe, zusammen mit anderen zu geben. Diese Freude ist unbegrenzt.

Ich bin nicht mehr ich, sondern ich bin ein Teil von dem Licht.

Ich weiß aber nicht, ob ich diese neuen Empfindungen für immer habe oder ich mich wieder an alte Erinnerungen erinnern werde, aber ich bin froh, dass ich jetzt so ein Bewusstsein fühle.

Ich bin Schöpfer und bin zu Hause. Dieses Verständnis ist das größte Geschenk, das ich jemals bekommen habe. Ich atme und atme Liebe, ich fühle Liebe, ich schreibe Liebe, ich arbeite Liebe, jeder Schritt ist Liebe. Verstehen Sie, alles ist Liebe, die schöpferische Energie der Welt.

Was anderes braucht man, um glücklich zu sein?

Liebe Grüße

…

Ich weiß nicht, wie es Ihnen geht, aber mich hat dieser Text tief beeindruckt, weil so viel Wahrheit und Authentizität aus ihm spricht. Er gehört meinem Empfinden nach tatsächlich zu dem Schönsten, was ich jemals gelesen habe. Ich vermute, dass der Text auch in Ihnen eine Resonanz ausgelöst hat und Sie nun leichter nachvollziehen können, welche radikale Transformation sich im Bewusstsein vollziehen und welche zentrale Rolle das Gefühl der Liebe dabei spielen kann. Falls Sie besorgt sein sollten wegen der Beeinträchtigungen des Erinnerungsvermögens, die die Betroffene schildert: Es kam während und nach der Erfahrung zu keinen sozialen oder beruflichen Einschränkungen. Sie ist bis heute weiterhin erfolgreich in leitender Position tätig.

Die Liebe und Verbundenheit, die sie schildert, bezieht sich auf das Ganze, nicht auf eine einzelne Person. Die Beziehung zu den Mitmenschen gleicht der von fürsorglichen, geduldigen Eltern zu Kindern: geprägt von dem Wunsch, Unterstützung zu geben und die Schönheit der Welt zu zeigen.

Gefühle der Liebe zwischen erwachsenen Menschen können in verschiedenen Formen in Erscheinung treten. Sie können mit Fürsorge einhergehen, aber auch mit dem Verlangen nach Nähe und dem Austausch von Zärtlichkeiten, bis hin zur sexuellen Vereinigung. Besonders Zustände der Verliebtheit gehen oft mit einem sehr starken Verlangen einher, das geradezu Suchtcharakter haben und alles andere in den Hintergrund treten lassen kann. Eine derartige Fixierung auf eine andere Person und die resultierende Abhängigkeit unterscheiden sich deutlich von einer reifen Liebe, bei der nicht die eigenen Bedürfnisse im Mittelpunkt stehen, sondern das Wohlergehen des geliebten Menschen.

Nehmen Sie sich etwas Zeit, um Ihr eigenes Leben und Ihre Erfahrungen mit Liebesbeziehungen zu reflektieren – eigenen oder auch solchen, die Sie bei anderen beobachtet haben, beispielsweise zwischen Ihren Eltern. Wie haben Sie Ihre eigenen Liebesgefühle erlebt? Waren Sie selbst verliebt, und wenn ja, wie fühlte sich das an? Wie ein Fieberwahn oder ein Glücksrausch? Wie lange dauerte das Gefühl der Verliebtheit an? Waren Sie unglücklich verliebt? Kennen Sie das Gefühl von Eifersucht und Abhängigkeit? Haben Sie eine reife Liebe kennengelernt, die den anderen Menschen nicht besitzen möchte, sondern mit Freiheit einhergeht?

Wenn Sie als Skeptikerin oder Skeptiker ein kritisches oder ambivalentes Verhältnis zum Phänomen der Verliebtheit und Liebe haben, sprechen aktuelle Zahlen dafür, dass die Erwartungen der Menschen bezüglich der Haltbarkeit von Liebesbeziehungen sich tatsächlich häufig nicht erfüllen. So wird beispielsweise derzeit in Deutschland etwa jede dritte Ehe geschieden (Statista, 2020).

Welche Rolle die Liebe überhaupt für die Schließung einer Ehe spielt, ist kulturell sehr unterschiedlich ausgeprägt. Die ursprünglichen biologischen Wurzeln für die Bildung von Paaren im Dienste der Fortpflanzung und gemeinsamen Versorgung des Nachwuchses haben beim Menschen jedenfalls eine erhebliche soziokulturelle Überprägung erfahren.

Wie stellt sich das Verhältnis von Liebe und Sexualität nun aber aus einer spirituellen Perspektive dar? Wenn wir die Definition für Spiritualität von Bucher (2014) zugrunde legen, die die Erfahrung von Verbundenheit in den Mittelpunkt stellt, dann ist das Gefühl der Liebe zu einem anderen Menschen zweifellos eine Emotion, die mit einer tiefen und starken Verbundenheit einhergeht.

Auf körperlicher Ebene wird das Gefühl der Liebe mit Empfindungen im Herzen verbunden (siehe Übungen zur zweiten Phase von Meditation 1). Eine stilisierte Darstellung des Herzens (♥) ist das Symbol für Liebe schlechthin. In Bezug auf andere Menschen sprechen wir davon, dass sie einen Platz in unserem Herzen haben, wir sie in unser Herz geschlossen haben oder dass jemandem bei einer Trennung das Herz gebrochen wurde.

Gefühle der Liebe finden ihren Ausdruck in einem liebevollen Blick und zärtlichen Berührungen, vor allem mit den Händen und beim Küssen. Liebespaare schauen sich häufig in die Augen, gehen oder sitzen Hand in Hand, streicheln, umarmen und küssen sich. Wenn Sie nochmals die Abbildung des Homunkulus (im Kapitel *Übungen zum Einstieg: …*) betrachten, werden Sie feststellen, dass die Lippen ebenso wie die Hände besonders großflächig im Gehirn repräsentiert sind, weil sie sehr viele sensible Fasern aufweisen.

Durch die Übung der Meditationen in diesem Buch können Sie lernen, körperliche Empfindungen deutlicher wahrzunehmen, die Liebesgefühle und den Austausch von Zärtlichkeiten begleiten. Meditation kann mit Veränderungen des sexuellen Erlebens einhergehen, wie folgende Aussagen belegen, die auf der Grundlage von Erfahrungsberichten von Meditierenden in Interviews formuliert wurden:

- Mein Verlangen nach Sexualität nahm deutlich zu.
- Ich empfand sexuelle Erregung.

Besonders eindrücklich sind diesbezüglich die Schilderungen in der Autobiografie des bekannten indischen Gurus Swami Muktananda (2000). In einem Kapitel *(Die Zerstörung der Begierde)* beschreibt er, wie während der Meditation eine starke sexuelle Erregung auftrat, die mit Visionen eines schönen nackten Mädchens verbunden war. Er empfand darüber große Scham und Schuldgefühle. Seine Bemühungen, mithilfe einer strengeren Diät die Erregung zu reduzieren, blieben erfolglos. Ein schlechtes Gewissen plagte ihn, er litt unter Schlaflosigkeit und fürchtete, verrückt zu werden. Erst als er in einem Buch den Hinweis fand, dass sexuelles Verlangen als eine Begleiterscheinung des Aufstiegs der Kundalini und der Aktivierung des Sexual-Chakras auftrete, konnte er das Phänomen als wichtig und bedeutsam annehmen. Er erkannte in dem Mädchen eine Göttin, deren Schönheit er fortan verehrte und die ihn in seiner Meditation unterstützte.

Ebenso wie Swami Muktananda berichten auch die von uns interviewten Meditierenden von Energieempfindungen entlang der Wirbelsäule (»Ich fühlte Energie in der Wirbelsäule aufsteigen«) und unwillkürlichen Bewegungen *(Kriyas),* die laut der Yoga-Lehre zur »Reinigung«, zur Beseitigung von Blockaden in Energiekanälen ausgeführt werden (»Mein Körper bewegte sich wie von allein, ohne mein bewusstes Zutun«).

Sexuelle Erregung wird als eine Form »feinstofflicher« Energie im Körper angesehen, die im Yoga durch körperliche Übungen (unter anderem Muskelanspannungen, beispielsweise im Beckenboden und Halsbereich), Atemtechniken und Meditationen aktiviert und gelenkt werden soll, um die spirituelle Entwicklung zu fördern. Sexuelle Techniken des Tantra dienen also nicht primär dazu, die sexuelle Lust zu steigern, wie dies manchmal dargestellt wird, sondern vielmehr dazu, spirituelle Erfahrungen einer Verbundenheit auf allen Ebenen herbeizuführen.

Liebe und Sexualität sind im Tantra also eng miteinander verknüpft. Die Grundhaltung ist die der Wertschätzung, ja, Verehrung, die die Liebenden füreinander empfinden und der sie durch die Art ihres Umgangs miteinander Ausdruck verleihen. Die körperliche Annäherung erfolgt typischerweise in mehreren Schritten, angefangen vom Augenkon-

takt über zarte Berührungen, die auch Massagen mit duftenden Ölen beinhalten können, Umarmungen und Küsse bis hin zum Akt der sexuellen Vereinigung (konkrete Anleitungen zu Vorübungen und speziellen Techniken des Tantra finden Sie in den eingangs zitierten Büchern).
Alle Handlungen werden bewusst und achtsam ausgeführt, sind gleichsam eine Meditation der Liebe, bei der die Liebenden sich gegenseitig aufmerksam wahrnehmen, um ihre Bedürfnisse, Handlungen und Empfindungen aufeinander abzustimmen und miteinander in Einklang bringen. Besondere Momente, wie der des Eindringens bei der körperlichen Vereinigung, können dabei zum Auslöser von Transzendenz-Erfahrungen werden (Bäumer, 2016, S. 123f).
Die Form der Sexualität, die im Tantra praktiziert wird, ist also unvereinbar mit einer sexuellen Praxis, die durch Routine, egoistische Ausbeutung oder gar Missbrauch gekennzeichnet ist und bei der die eigene Lustbefriedigung im Vordergrund steht.
Reflektieren Sie an dieser Stelle Ihre eigenen sexuellen Erfahrungen. Wie eng sind Liebe und Sexualität für Sie miteinander verbunden? Haben Sie Sex praktiziert, ohne Liebe zu empfinden? Wie befriedigend oder enttäuschend waren Ihre bisherigen sexuellen Erfahrungen? Welche Rolle spielt Zärtlichkeit für Sie? Können Sie Ihre sexuellen Bedürfnisse und Wünsche offen äußern?

Wenn es Aspekte Ihres Sexuallebens gibt, bei denen Sie sich Veränderungen wünschen, dann möchte ich Sie dazu ermutigen, diese offen anzusprechen. Überwinden Sie etwaige Schamgefühle und befreien Sie sich von Hemmungen einer überkommenen Sexualmoral. Nehmen Sie sich Zeit, durchbrechen Sie Routinen und schaffen Sie einen Freiraum, um

spielerisch miteinander zu experimentieren. Machen Sie sich von Erfolgsdruck und Erwartungen frei und folgen Sie stattdessen Ihren spontanen Impulsen, die bei jeder sexuellen Begegnung neu entstehen können.
Beobachten Sie, wie sich durch die Praxis der Meditation Ihre Bewusstheit steigert und Ihre Körperwahrnehmung verfeinert. Wie wirkt sich dies auf Ihre Gefühle und auf Ihre Sexualität aus? Wie viel Nähe wünschen Sie sich? Fühlen Sie bei Umarmungen Ihren Körper und den des anderen? Lassen Sie sich Zeit für lange Umarmungen. Spüren Sie die Wärme und die Atembewegungen. Streicheln und küssen Sie, wenn Ihnen danach ist, und teilen Sie es mit, wenn Sie gerne selbst mit Zärtlichkeiten verwöhnt werden möchten. Wenn es jetzt einen entsprechenden Impuls in Ihnen geben sollte, dann folgen Sie ihm.

Die Praxis der Meditation kann Sie dabei unterstützen, Ihre Empfindungen und Gefühle klarer wahrzunehmen. Nehmen Sie Ihre Gefühle an und folgen Sie Ihrer Intuition. Sie werden ein Gespür dafür entwickeln, wann Sie im Einklang mit sich selbst handeln und wann Sie sich an eigenen Erwartungen oder denen Ihrer Mitmenschen orientieren. Tun Sie das, was Sie tun, mit Hingabe und vertrauen Sie auf sich selbst. Der Körper lügt nicht. Stehen Sie auch dazu, wenn Sie keine Lust auf Sex haben sollten.
Zu Beginn der Einführung hatte ich Sie darauf hingewiesen, dass die Meditationen in diesem Buch vor allem darauf abzielen, dass Sie Ihre innere Mitte finden und eins mit sich selbst werden. Selbstbewusstheit und Selbstvertrauen sind die besten Voraussetzungen, um sich in einer intimen Liebesbeziehung einem anderen Menschen zu öffnen und mit ihm auf allen Ebenen zu verschmelzen. Ich wünsche Ihnen,

dass Sie die Erfahrung machen, die sich in der Formulierung ausdrückt, »ein Herz und eine Seele« zu sein, und in Momenten innigster Begegnung Raum, Zeit und Ich vergessen. Wenn die Liebe, Hingabe und Verbundenheit so groß werden, können sie eine Tür zur Erfahrung von Ewigkeit öffnen.

DANK

Üblicherweise stehen Danksagungen am Ende des Vorworts, und bei meinen bisherigen Büchern habe ich das auch so gehalten. Allerdings muss ich gestehen, dass ich selbst diese Passagen als Leser meist überspringe, weil mir die vielen unbekannten Namen nichts sagen. Daher habe ich mich bei diesem Buch entschlossen, den Leserinnen und Lesern lange Bekundungen des Dankes im Vorwort zu ersparen und meine Danksagung stattdessen ans Ende zu stellen, so wie dies auch bei wissenschaftlichen Artikeln geschieht *(Acknowledgements)*.

So kommen diejenigen zu ihrem Recht, die mich unterstützt haben, und interessierte Leserinnen und Leser – zu denen Sie offenbar gehören, da Sie dies lesen – können sich darüber informieren, welche Menschen in welcher Weise zu diesem Buch beigetragen haben.

An erster Stelle möchte ich Jule Müller dafür danken, dass sie das Manuskript mehrfach gründlich gelesen und nicht nur zahlreiche Rechtschreibfehler gefunden, sondern auch viele inhaltliche Verbesserungsvorschläge gemacht hat, von denen ich etliche übernommen habe. So haben Sie beispielsweise die Überblicke am Ende der drei Meditationen ihr zu verdanken!

Einen sehr wichtigen Beitrag hat auch meine Lebensgefährtin geleistet. Wenn ich ihr das Manuskript vorlas, ist durch ihr aufmerksames Zuhören ein Resonanzraum entstanden, der es mir ermöglichte zu erkennen, ob ich die richtigen Worte gewählt hatte. Darüber hinaus hat Sie wichtige Ideen, beispielsweise zum Thema Ernährung, beigesteuert. Unsere tiefe Liebe zueinander hat mir die nötige Inspiration und Kraft gegeben, das Buchprojekt im vorgegebenen zeitlichen Rahmen erfolgreich abzuschließen.

Andreas Klaus, mein langjähriger Lektor beim O.W. Barth Verlag, hat die Idee zu diesem Buch von Anfang an begeistert aufgenommen und es gewohnt kompetent und reibungslos auf seinem Weg begleitet, vom ersten Exposé bis zum Endprodukt, das Sie nun in Händen halten. Dafür danke ich ihm ganz herzlich!

Wissenschaftliche Forschung ist meistens Teamarbeit. In dieses Buch sind Erkenntnisse eingeflossen, für die Mitglieder meiner Arbeitsgruppe die Grundlage gelegt haben. So haben Freya von Hohnhorst und Michael Tremmel über 100 Meditierende ausführlich zu ihren Erfahrungen befragt, die aufgezeichneten Interviews Wort für Wort in Texte überführt und analysiert. Aufgrund dieser Analysen habe ich gemeinsam mit Studierenden – Yasmina Steck, Noah Machunze und Jasmin Treder – einen Fragebogen erstellt und in einer Erhebung eingesetzt, aus dem Aussagen in diesem Buch wiedergegeben werden.

Meinen beiden Vorgesetzten, Prof. Rudolf Stark, dem Direktor des *Bender Institute of Neuroimaging* an der Universität Gießen, und Prof. em. Dieter Vaitl, Leiter des *Instituts für Grenzgebiete der Psychologie und Psychohygiene* in Freiburg im Breisgau, danke ich für das hervorragende Arbeitsumfeld, das mir die Möglichkeit für diese faszinierende Forschung bietet. Zudem gewähren sie mir den nötigen Freiraum, um Ergebnisse dieser Forschung in Sachbüchern wie diesem einer breiteren Öffentlichkeit zugänglich zu machen.

Zu guter Letzt möchte ich noch den vielen Teilnehmenden an Seminaren und Ausbildungen danken, deren Rückmeldungen zu den Meditationen an vielen Stellen in den Text eingeflossen sind. Vielen Dank für die Bereitschaft, sich einzulassen und persönliche Erfahrungen zu teilen!

Quintessenz

Atmen – Fühlen – Erkennen.
Leben – Liebe – Licht.
Das ist alles.
Das ist eins.
Ewigkeit im Jetzt.

WEBSITE ZUM BUCH UND LITERATUR

Die Website zum Buch finden Sie im Internet unter folgender Adresse: https://sites.google.com/site/spirit4skeptiker/ Dort können Sie ergänzende Informationen abrufen, die im Buch erwähnt werden. Außerdem finden Sie dort auch das nachfolgende Literaturverzeichnis, wobei alle Einträge direkt zu Webseiten verlinkt sind: Bei Büchern gelangen Sie zu deren Webseiten bei den Verlagen und bei Artikeln zu Zusammenfassungen oder – sofern frei zugänglich – den Volltexten.

Anand, Margot: *Tantra oder Die Kunst der sexuellen Ekstase* (23. Auflage), München 1995.

Baer, Ruth/Crane, Catherine/Miller, Edward/Kuyken, Willem: *Doing no harm in mindfulness-based programs: Conceptual issues and empirical findings,* in: *Clinical Psychology Review*. Juli 2019, Band 71, S. 101–114.

Barrett, Frederick S./Griffiths, Roland R.: *Classic Hallucinogens and Mystical Experiences: Phenomenology and Neural Correlates,* in: Halberstadt, Adam L./Vollenweider, Franz X./Nichols, David E. (Hrsg.), *Behavioral Neurobiology of Psychedelic Drugs* (Current Topics in Behavioral Neurosciences, Band 36), S. 393–430, Berlin 2017.

Bäumer, Bettina: *Vijnana Bhairava – Das göttliche Bewusstsein: 112 Weisen der Mystischen Erfahrung im Sivaismus von Kashmir* (4. Auflage), Frankfurt am Main 2016.

Berne, Eric: *Spiele der Erwachsenen: Psychologie der menschlichen Beziehungen* (13. Auflage), Reinbek bei Hamburg 2012.

Braboszcz, Claire/Cahn, B. Rael/Levy, Jonathan/Fernandez, Manuel/Delorme, Aarnaud: *Increased Gamma Brainwave Amplitude Compared to Control in Three Different Meditation Traditions,* in: *PloS One*. Januar 2017, Band 12, Heft 1, Artikel e0170647.

Brandmeyer, Tracy/Delorme, Arnaud: *Meditation and neurofeedback,* in: *Frontiers in Consciousness Research*. Oktober 2013, Band 4, Artikel 688.

Brandmeyer, Tracy/Delorme, Arnaud: *Reduced mind wandering in experienced meditators and associated EEG correlates,* in: *Experimental Brain Research*. September 2018, Band 236, Heft 9, S. 2519–2528.

Brandmeyer, Tracy/Delorme, Arnaud: *Closed-Loop Frontal Midlineθ Neurofeedback: A Novel Approach for Training Focused-Attention Meditation,* in: *Frontiers in Human Neuroscience*. Juni 2020, Band 14, Artikel 246.

Britton, Willoughby B.: *Can mindfulness be too much of a good thing? The value of a middle way*, in: *Current Opinion in Psychology*. August 2019, Band 28, S. 159– 65.

Bucher, Anton: *Psychologie der Spiritualität* (2., vollständig überarbeitete Auflage), Weinheim 2014.

Carim-Todd, Laura/Mitchell, Suzanne H./Oken, Barry S.: *Mind-body practices: An alternative, drug-free treatment for smoking cessation? A systematic review of the literature,* in: *Drug and Alcohol Dependence.* Oktober 2013, Band 132, Heft 3, S. 399–410.

Chételat, Gaël/Lutz, Antoine/Arenaza-Urquijo, Eder/Collette, Fabienne/Klimecki, Olga/Marchant, Natalie: *Why could meditation practice help promote mental health and well-being in aging?,* in: *Alzheimer's Research & Therapy.* Juni 2018, Band 10, Heft 1, Artikel 57.

Cramer, Holger/Sundberg, Tobias/Schumann, Dania/Leach, Matthew J./Lauche, Romy: *Differences between vegetarian and omnivorous yoga practitioners – Results of a nationally representative survey of US adult yoga practitioners,* in: *Complementary Therapies in Medicine.* Oktober 2018 Band 40, S. 48–52.

Dahl, Cortland J./Lutz, Antoine/Davidson, Richard J.: *Reconstructing and deconstructing the self: Cognitive mechanisms in meditation practice,* in: *Trends in Cognitive Sciences.* September 2015, Band 19, Heft 9, S. 515–523.

Dorjee, Dusana: *Defining Contemplative Science: The Metacognitive Self-Regulatory Capacity of the Mind, Context of Meditation Practice and Modes of Existential Awareness,* in: *Frontiers in Psychology.* November 2016, Band 7, Artikel 1788.

Eurich, Claus: *Aufstand für das Leben. Vision für eine lebenswerte Erde,* Petersberg, 2016.

Fox, Kieran C. R./Dixon, Matthew L./Nijeboer, Savannah/Girn, Manesh/Floman, James L./Lifshitz, Michael/Ellamil, Melissa/Sedlmeier, Peter/Christoff, Kalina: *Functional neu-*

roanatomy of meditation: A review and meta-analysis of 78 functional neuroimaging investigations, in: *Neuroscience and Biobehavioral Reviews*. Juni 2016, Band 65, S. 208–228.

Fox, Kieran C. R./Nijeboer, Savannah/Dixon, Matthew L./Floman, James L./Ellamil, Melissa/Rumak, Samuel P./Sedlmeier, Peter/Christoff, Kalin: *Is meditation associated with altered brain structure? A systematic review and meta-analysis of morphometric neuroimaging in meditation practitioners,* in: *Neuroscience and Biobehavioral Reviews*. Juni 2014, Band 43, S. 48–73.

Gerritsen, Roderik J. S./Band, Guido P. H.: *Breath of life: the respiratory vagal stimulation model of contemplative activity,* in: *Frontiers in Human Neuroscience*. Oktober 2018, Band 12, Artikel 397.

Grant, Joshua A./Duerden, Emma G./Courtemanche, Jérôme/Cherkasova, Mariya/Duncan, Gary H./Rainville, Pierre: *Cortical thickness, mental absorption and meditative practice: Possible implications for disorders of attention,* in: *Biological Psychology*. Februar 2013, Band 92, Heft 2, S. 275–281.

Greenwell, Bonnie: *Kundalini. Erfahrungen mit der geheimnisvollen Urkraft der Erleuchtung* (1. Auflage der Taschenbuchausgabe), Bergisch Gladbach 2000.

Griffiths, Roland R./Richards, William A./Johnson, Matthew W./McCann, Una D./Jesse, Robert: *Mystical-type experiences occasioned by psilocybin mediate the attribution of personal meaning and spiritual significance 14 months later,* in: *Journal of Psychopharmacology (Oxford, England)*. August 2008, Band 22, Heft 6, S. 621–632.

Hasenkamp, Wendy/Wilson-Mendenhall, Christine D./ Duncan, Erica/Barsalou, Lawrence W.: *Mind wandering and attention during focused meditation: A fine-grained temporal analysis of fluctuating cognitive states,* in: *Neuro-Image*. Januar 2012, Band 59, Heft 1, S. 750–760.

Hauswald, Anne/Übelacker, Teresa/Leske, Sabine/Weisz, Nathan: *What it means to be Zen: Marked modulations of local and interareal synchronization during open monitoring meditation,* in: *NeuroImage*. März 2015, Band 108, S. 265–273.

Hofmann, Liane: *Das Kundalini-Phänomen und andere vegetativ-energetische Störungen,* in: Hofmann, Liane/Heise, Patrizia (Hrsg.), *Spiritualität und spirituelle Krisen. Handbuch zu Theorie, Forschung und Praxis,* S. 215–232, Stuttgart 2017.

Hofmann, Liane/Heise, Patrizia (Hrsg.): *Spiritualität und spirituelle Krisen. Handbuch zu Theorie, Forschung und Praxis,* Stuttgart 2017.

Hölzel, Britta K./Carmody, James/Vangel, Mark/Congleton, Christina/Yerramsetti, Sita M./Gard, Tim/Lazar, Sara W.: *Mindfulness practice leads to increases in regional brain gray matter density,* in: *Psychiatry Research: Neuroimaging*. Januar 2011, Band 191, Heft 1, S. 36–42.

Hopfenzitz, Petra/Lützner Hellmut: *Fasten – Meditationsprogramm* (GU Ratgeber Gesundheit), München 2008.

Johnson, Matthew M./Richards, William A./Griffiths, Roland R.: *Human hallucinogen research: Guidelines for safe-*

ty, in: *Journal of Psychopharmacology (Oxford, England).* August 2008, Band 22, Heft 6, S. 603–620.

Josipovic, Zoran: *Neural correlates of nondual awareness in meditation,* in: *Annals of the New York Academy of Sciences.* Januar 2014, Band 1307, S. 9–18.

Kabat-Zinn, Jon: *Gesund durch Meditation. Das große Buch der Selbstheilung mit MBSR* (vollständig überarbeitete Neuausgabe), München 2011.

Klatt, Maryanna D./Buckworth, Janet/Malarkey, William B.: *Effects of low-dose mindfulness-based stress reduction (MBSR-ld) on working adults,* in: *Health Education & Behavior.* Juni 2009, Band 36, Heft 3, S. 601–614.

Krampen, Günter: *Entspannungsverfahren in Therapie und Prävention* (3. überarbeitete und erweiterte Auflage), Göttingen 2013.

Laborde, Sylvain/Mosley, Emma/Thayer, Julian F.: *Heart Rate Variability and Cardiac Vagal Tone in Psychophysiological Research – Recommendations for Experiment Planning, Data Analysis, and Data Reporting,* in: *Frontiers in Psychology.* Februar 2017, Band 8, Artikel 213.

Lee, Darrin J./Kulubya, Edwin/Goldin, Philippe/Goodarzi, Amir/Girgis, Fady: *Review of the Neural Oscillations Underlying Meditation,* in: *Frontiers in Neuroscience.* März 2018, Band 12, Artikel 178.

Leitzmann, Claus/Keller, Markus: *Vegetarische Ernährung* (3. aktualisierte Auflage), Stuttgart 2013.

Lifshitz, Michael/van Elk, Michiel/Luhrmann, Tanya M.: *Absorption and spiritual experience: A review of evidence and potential mechanisms,* in: *Consciousness and Cognition.* August 2019, Band 73, Artikel 102760.

Lindsay, Emily K./Creswell, J. David: *Mechanisms of mindfulness training: Monitor and Acceptance Theory (MAT),* in: *Clinical Psychology Review*. Februar 2017, Band 51, S. 48–59.

Löhmer, Cornelia/Standhardt, Rüdiger: *Timeout statt Burnout. Einübung in die Lebenskunst der Achtsamkeit,* Stuttgart 2012.

Loizzo, Joseph J.: *The subtle body: An interoceptive map of central nervous system function and meditative mind-brain-body integration,* in: *Annals of the New York Academy of Sciences*. Juni 2016, Band 1373, Heft 1, S. 78–95.

Lomas, Tim/Ivtzan, Itai/Fu, Cynthia H. Y.: *A systematic review of the neurophysiology of mindfulness on EEG oscillations,* in: *Neuroscience and Biobehavioral Reviews.* Oktober 2015, Band 57, S. 401–410.

Luders, Eileen/Cherbuin, Nicolas/Gaser, Christian: *Estimating brain age using high-resolution pattern recognition: Younger brains in long-term meditation practitioners,* in: *NeuroImage*. Juli 2016, Band 134, S. 508–513.

Maclean, Katherine A./Leoutsakos, Jeannie-Marie S./Johnson, Matthew W./Griffiths, Roland R.: *Factor Analysis of the Mystical Experience Questionnaire: A Study of Experiences Occasioned by the Hallucinogen Psilocybin,* in: *Journal for the Scientific Study of Religion*. Dezember 2012, Band 51, Heft 4, S. 721–737.

Marshall, Paul: *Mystical Encounters with the Natural World – Experiences and Explanations,* Oxford 2005.

Matko, Karin/Ott, Ulrich/Sedlmeier, Peter: *The TOP 10: Prevalence and Popularity of Basic Meditation Practices in Different Spiritual Traditions*. Poster präsentiert auf der *International Conference on Mindfulness,* Amsterdam, 13. Juli 2018.

Matko, Karin/Sedlmeier, Peter: *What Is Meditation? Proposing an Empirically Derived Classification System,* in: *Frontiers in Psychology*. Oktober 2019, Band 10, Artikel 2276.

McDonald, Michele: *Awake at the Wheel: Mindful Driving* (Audio-CD/Audio-Download; https://www.keystepmedia.com/shop/awake-at-the-wheel-mindful-driving/), Florence, MA, 2011.

Metzinger, Thomas: *Der Ego-Tunnel. Eine neue Philosophie des Selbst: Von der Hirnforschung zur Bewusstseinsethik,* Berlin 2010.

Michalsen, Andreas: *Mit Ernährung heilen: Besser essen – einfach fasten – länger leben. Neuestes Wissen aus Forschung und Praxis,* Berlin 2019.

Millière, Raphaël/Carhart-Harris, Robin L./Roseman, Leor/Trautwein, Fynn-Mathis/Berkovich-Ohana, Aviva: *Psychedelics, Meditation, and Self-Consciousness,* in: *Frontiers in Psychology*. September 2018, Band 9, Artikel 1475.

Monteiro, Lynette M./Compson, Jane F./Musten, Frank (Hrsg.): *Practitioner's Guide to Ethics and Mindfulness-Based Interventions,* Cham (Schweiz) 2017.

Motoyama, Hieroshi: *Theories of the Chakras: Insights into Our Subtle Energy System,* New Delhi 2003.

Muktananda, Swami: *Spiel des Bewusstseins: Eine spirituelle Autobiographie,* Telgte 2000.

Mulders, Peter C./van Eijndhoven, Philip F./Schene, Aart H./Beckmann, Christian F./Tendolkar, Indra: *Resting-state functional connectivity in major depressive disorder: A review,* in: *Neuroscience and Biobehavioral Reviews.* September 2015, Band 56, S. 330–344.

Müller, Peter: *Merkmale des Erlebens in Zuständen »tiefer« Meditation: Entwicklung eines Fragebogens zur quantitativen Erfassung des Konstruktes »Meditationstiefe«* (unveröffentlichte Diplomarbeit, Johann Wolfgang-Goethe-Universität), Frankfurt 1997.

Nummenmaa, Lauri/Glerean, Enrico/Hari, Riitta/Hietanen, Jari K.: *Bodily maps of emotions,* in: *Proceedings of the National Academy of Sciences of the United States of America.* Januar 2014, Band 111, Heft 2, S. 646–651.

Odier, Daniel: *Tantra. Eintauchen in die absolute Liebe* (8. Auflage), Grafing 2016.

Ott, Ulrich: *Absorption in hypnotic trance and meditation,* in: Raz, Amir/Lifshitz, Michael (Hrsg.), *Hypnosis and meditation. Towards an integrative science of consciousness planes,* S. 269–278, Oxford 2016.

Ott, Ulrich: *Meditation,* in: Franz Petermann (Hrsg.), *Entspannungsverfahren. Das Praxishandbuch* (6. Auflage), S. 139–149, Weinheim 2020.

Ott, Ulrich: *Meditation für Skeptiker. Ein Neurowissenschaftler erklärt den Weg zum Selbst,* München 2010.

Ott, Ulrich: Yoga *für Skeptiker. Ein Neurowissenschaftler erklärt die uralte Weisheitslehre,* München 2013.

Ott, Ulrich/Epe, Janika: *Gesund durch Atmen. Ein Neurowissenschaftler erklärt die Heilkraft der bewussten Yoga-Atmung,* München 2018.

Piron, Harald: *Meditationstiefe. Grundlagen, Forschung, Training, Psychotherapie,* Berlin 2020.

Prestel, Marcel/Riedl, Rebecca/Stark, Rudolf/Ott, U.: *Enhancing Mindfulness by Combining Neurofeedback with Meditation,* in: *Journal of Consciousness Studies.* Juli/August 2019, Band 26, Heft 7–8, S. 268–293.

Purser, Ronald E./Forbes, David/Burke, Adam (Hrsg.): *Handbook of Mindfulness. Culture, Context, and Social Engagement,* Cham (Schweiz) 2016.

Riva, Giuseppe: *The neuroscience of body memory: From the self through the space to the others,* in: *Cortex, a Journal Devoted to the Study of the Nervous System and Behavior.* Juli 2018, Band 104, S. 241–260.

Rumpf, Karl Philipp: *Meditation und Hirnalterung: Implikationen für die Demenz-Prävention.* Dissertation an der Justus-Liebig-Universität, Gießen 2017. Volltext: http://geb.uni-giessen.de/geb/volltexte/2017/12959/.

Russ, Suzanne L./Carhart-Harris, Robin L./Maruyama, Geoffrey/Elliott, M. S.: *Replication and extension of a mo-*

del predicting response to psilocybin, in: *Psychopharmacology*. November 2019, Band 236, Heft 11, S. 3221–3230.

Rütten, Alfred/Pfeifer, Klaus (Hrsg.): *Nationale Empfehlungen für Bewegung und Bewegungsförderung,* Erlangen-Nürnberg 2016.

Sannella, Lee: *Kundalini-Erfahrung und die neuen Wissenschaften* (2. Auflage), Essen 1994.

Saraswati, Sunyata/Avinasha, Bodhi: *Juwel im Lotos. Ein Kurs in der Wissenschaft des Trantrischen Kriya-Yoga,* Emmendingen 2015.

Sawangjai, Phattarapong/Hompoonsup, Supanida/Leelaarporn, Pitshaporn/Kongwudhikunakorn, Supavit/Wilaiprasitporn, Theerawit: *Consumer grade EEG Measuring Sensors as Research Tools: A Review,* in: *IEEE Sensors Journal*. April 2020, Band 20, Heft 8, S. 3996–4024.

Schmidt, Stefan: *Meditation und Achtsamkeitspraxis als Demenzprävention – Konzepte und Befunde,* in: Walach, Harald/Loef, Martin (Hrsg.), *Demenz – Prävention und Therapie,* S. 155–176, Essen 2019.

Schmidt, Stefan: *Opening up Meditation for Science: The Development of a Meditation Classification System,* in: Schmidt, Stefan/Walach, Harald (Hrsg.), *Meditation – Neuroscientific Approaches and Philosophical Implications,* S. 137–152, New York 2014.

Schoenberg, Poppy L. A./Ruf, Andrea/Churchill, John/Brown, Daniel P./Brewer, Judson A.: *Mapping complex mind states: EEG neural substrates of meditative unified compassionate awareness,* in: *Consciousness and Cognition.* 2018, Band 57, S. 41–53.

Schoenberg, Poppy L. A./Vago, David R.: *Mapping meditative states and stages with electrophysiology: Concepts, classifications, and methods,* in: *Current Opinion in Psychology.* August 2019, Band 28, S. 211–217.

Schultz, Johannes Heinrich: *Das autogene Training. Konzentrative Selbstentspannung. Versuch einer klinisch-praktischen Darstellung* (19. unveränderte Auflage), Thieme 1991.

Schulz von Thun, Friedemann: *Miteinander reden 1: Störungen und Klärungen: Allgemeine Psychologie der Kommunikation* (49. Auflage), Reinbek bei Hamburg 2011.

Sedlmeier, Peter: *Die Kraft der Meditation. Was die Wissenschaft darüber weiß,* Reinbek bei Hamburg 2016.

Sedlmeier, Peter/Eberth, Juliane/Schwarz, Marcus/Zimmermann, Doreen/Haarig, Frederik/Jaeger, Sonia/Kunze, Sonja: *The psychological effects of meditation: A meta-analysis,* in: *Psychological Bulletin.* November 2012, Band 138, Heft 6, S. 1139–1171.

Sedlmeier, Peter/Loße, Caroline/Quasten, Lisa Christin: *Psychological effects of meditation for healthy practitioners: An update,* in: *Mindfulness.* April 2018, Band 9, Heft 2, S. 371–387.

Shafak, Elif: *Die vierzig Geheimnisse der Liebe,* Zürich 2017.

Smigielski, Lukasz/Kometer, Michael/Scheidegger, Milan/Krähenmann, Rainer/Huber, Theo/Vollenweider, Franz X.: *Characterization and prediction of acute and sustained response to psychedelic psilocybin in a mindfulness group retreat,* in: *Scientific Reports*. Oktober 2019a, Band 9, Heft 1, Artikel 14914.

Smigielski, Lukasz/Scheidegger, Milan/Kometer, Michael/Vollenweider, Franz X.: *Psilocybin-assisted mindfulness training modulates self-consciousness and brain default mode network connectivity with lasting effects,* in: *NeuroImage*. August 2019b, Band 196, S. 207–215.

Stanley, Steven/Purser, Ronald E./Singh, Nirbhay N. (Hrsg.): *Handbook of Ethical Foundations of Mindfulness,* Cham (Schweiz) 2018.

Statista Research Department: Scheidungsquote in Deutschland bis 2019 (veröffentlicht 16.07.2020), online: https://de.statista.com/statistik/daten/studie/76211/umfrage/scheidungsquote-von-1960-bis-2008/.

Studerus, Erich/Gamma, Alex/Kometer, Michael/Vollenweider, Franz X.: *Prediction of psilocybin response in healthy volunteers,* in: *PloS One*. Februar 2012, Band 7, Heft 2, Artikel e30800.

Tarrant, Jeff: *Meditation interventions to rewire the brain. Integrating neuroscience strategies for ADHD, anxiety, depression & PTSD,* Eau Claire, WI, 2017.

Thomas, John/Jamieson, Graham/Cohen, Marc: *Low and then high frequency oscillations of distinct right cortical networks are progressively enhanced by medium and long term Satyananda Yoga meditation practice,* in: *Frontiers in Human Neuroscience*. Juni 2014, Band 8, Artikel 197.

Tolle, Eckart: *Jetzt! Die Kraft der Gegenwart – Ein Leitfaden zum spirituellen Erwachen* (Hörbuch, vom Autor selbst gelesen), Bielefeld 2008.

Tremmel, Michael/Ott, Ulrich: *Negative Wirkungen von Meditation,* in: Hofmann, Liane/Heise, Patrizia (Hrsg.), *Spiritualität und spirituelle Krisen. Handbuch zu Theorie, Forschung und Praxis,* S. 233–243, Stuttgart 2017.

van Lutterveld, Remko/Houlihan, Sean D./Pal, Prasanta/Sacchet, Matthew D./McFarlane-Blake, Cinque/Patel, Payal R./Sullivan, John S./Ossadtchi, Alex/Druker, Susan/Bauer, Clemens/Brewer, Judson A.: *Source-space EEG neurofeedback links subjective experience with brain activity during effortless awareness meditation,* in: *NeuroImage*. Mai 2017, Band 151, S. 117–127.

Vivekananda, Swami: *Raja-Yoga. Der Pfad der Konzentraion,* Hamburg 2011.

von Brück, Michael: *Interkulturelles Ökologisches Manifest,* Freiburg im Breisgau 2020.

Wallis, Christopher D.: *Tantra Illuminated: The Philosophy, History, and Practice of a Timeless Tradition* (second edition), Petaluma, CA, 2013.

Wallis, Christopher D.: *The real story on the Chakras. The six most important things you never knew about the Chakras.* [Webseite] https://hareesh.org/blog/2016/2/5/the-real-story-on-the-chakras. (Abgerufen am 4. August 2020)

Web of Science: *Search in Core Collection (Science Citation Index expanded and Social Science Citation Index), TOPIC: (meditation) AND DOCUMENT TYPES: (Article OR Review),* 11. Juli 2020.

White, John (Hrsg.): *Kundalini-Energie. Die spirituelle Schlange in uns* (1. Auflage), München 1990.

Willcox, Bradley J./Yano, Katsuhiko/Chen, Randi/Willcox, D. Craig/Rodriguez, Beatriz L./Masaki, Kamal H./Donlon, Timothy/Tanaka, Brandi/Curb, J. David: *How much should we eat? The association between energy intake and mortality in a 36-year follow-up study of Japanese-American men,* in: *The Journals of Gerontology. Series A, Biological Sciences and Medical Sciences.* August 2004, Band 59, Heft 8, S. 789–795.

Wittmann, Marc: *Wenn die Zeit stehen bleibt. Kleine Psychologie der Grenzerfahrungen,* München 2015.

Wulff, David M.: *Mystical experiences,* in: Cardeña, Etzel/Jay Lynn, Steven/Krippner, Stanley (Hrsg.), *Varieties of anomalous experience: Examining the scientific evidence* (S. 369–408), American Psychological Association, Washington, DC, 2014.

Ulrich Ott

Yoga für Skeptiker

Ein Neurowissenschaftler erklärt
die uralte Weisheitslehre

Ulrich Ott verbindet Weisheit, Wissenschaft und Praxis des Yoga zu einem kompakten Basiswissen. Präzise erklärt er, warum Yoga als Körper-, Atem- und Bewusstseinsschulung so enorm wertvoll und wirksam ist.
Für jeden dieser Bereiche erhält man viele anschaulich erklärte und sofort umsetzbare Übungen, die aufeinander aufbauen und optimal für Beginner sind.

Ein fundiertes und ausgewogenes Einsteigerbuch, das einen neuen Maßstab setzt.

»Ulrich Ott ist ein Glücksfall für die zeitgenössische Yogaszene in Deutschland«
– Anna Trökes in *yoga aktuell*

KNAUR.LEBEN

Ulrich Ott, Janika Epe

Gesund durch Atmen

Ein Neurowissenschaftler erklärt die Heilkraft der bewussten Yoga-Atmung

Bewusstes Atmen ist die beste Stressprophylaxe!

Die bewusste Führung des Atems beruhigt das Nervensystem und hilft, sich zu zentrieren und gleichzeitig zu entspannen. Der Neurowissenschaftler Ulrich Ott vermittelt hierzu die neuesten wissenschaftlichen Grundlagen. Zusammen mit Yoga-Lehrerin Janika Epe hat er ein 8-Wochen-Training entwickelt, das auch Skeptiker von der Heilkraft des Atems überzeugt. Vielfache Erfahrungen hiermit bekräftigen: Yoga-Atmung ist der einfachste Weg zu echtem Wohlbefinden, wenn der aufreibende Alltag einem wieder mal die Luft nimmt.

»Eine optimale Stress-Prophylaxe«
– Lea